AF453241

STÉNARITHMIE

OU

ABRÉVIATION DES CALCULS

CONTENANT :

1° Des simplifications pour l'Addition et la Soustraction ;
2° Sept manières différentes de faire la Multiplication, *ce qui donne de grandes facilités, parce que chacune a ses applications particulières ;*
3° Des caractères de divisibilité pour tous les nombres premiers ;
4° Plusieurs méthodes perfectionnées de Division, entre autres la Division à l'aide du complément, et la Division au moyen du complément indéfini ;
5° La sommation des séries numérales, convergentes et divergentes ;
6° La sommation des termes des progressions géométriques décroissantes infinies ;
7° Un nouveau mode de conversion des fractions ;
8° Un système de vérification plus simple que la preuve par 9 ;
9° Des préceptes pour les calculs de tête ;
10° Un moyen qui permet de trouver, par l'Addition, la suite de toutes les puissances ;
11° Une méthode UNIQUE pour l'extraction des racines de tous les degrés : *Cette méthode est si facile qu'on peut l'apprendre en une seule séance, et obtenir des racines carrées de 4, 5 ou 6 chiffres plus promptement et plus sûrement qu'en se servant de logarithmes ;*
12° Une loi de l'Astronomie, nouvellement découverte par l'auteur.

PAR ALEXANDRE GOSSART,

Ancien Professeur de comptabilité, Employé de l'Administration centrale des Contributions indirectes et des Tabacs au Ministère des finances ; Membre de l'Athénée des arts, sciences et belles-lettres ; de la Société grammaticale et littéraire ; ancien Professeur à l'Athénée national et à l'Athénée de Richelieu ; auteur de la *Sténographie appliquée à l'écriture ordinaire*, etc.

PRIX : **1** FRANC.

PARIS

BACHELIER, IMPRIMEUR-LIBRAIRE DU BUREAU DES LONGITUDES,
DE L'ÉCOLE NATIONALE POLYTECHNIQUE, ETC.
Quai des Augustins, 55.

1852

PRÉFACE.

Cet opuscule a pour but d'étendre l'enseignement ordinaire de l'arithmétique, en y introduisant
de nouveaux modes de calculs qui facilitent les
opérations, et permettent même souvent de les effectuer de mémoire. Ce dernier point, qui est de
la plus haute importance, a cependant été presque
entièrement négligé jusqu'ici. Les nouveaux procédés simplifient l'addition, la soustraction, la
multiplication, la division, l'exaltation et l'extraction des racines de tous les degrés.

L'application de ces moyens rendra les études
beaucoup plus fructueuses, sans cependant les allonger, car ils n'ont rien d'étranger à l'arithmétique; ils ne sont que des déductions de ce qu'on
sait, seulement ce sont des déductions raisonnées
et qui semblent donner une véritable intelligence
des calculs. C'est aussi par ce motif qu'on ne trouve
de démonstrations, dans ce traité, qu'en ce qui
concerne la recherche du produit par les unités et
les dizaines séparément, ainsi que l'extraction des

racines, paree que ce sont de nouveaux théorêmes ; les autres démonstrations auraient été superflues, puisqu'il ne s'agit pas d'une arithmétique complète, mais d'un complément à cette science ; complément qui ne s'appuie pas sur de nouvelles propositions, mais sur des *scolies* de propositions déjà connues et démontrées.

Non-seulement ces nouvelles méthodes ont l'avantage de simplifier les opérations ; elles sont encore précieuses en ce qu'elles font pénétrer l'esprit des élèves plus avant dans les admirables coordinations des nombres, et tout porte à croire que si les professeurs d'arithmétique faisaient entrer dans leurs leçons le peu d'exemples que renferme ce petit livre, la science prendrait un très-grand essor, et rendrait bientôt populaires les moyens qui permettent à quelques enfants, tels que Henri MONDEUX et MANGIAMÈLE, regardés aujourd'hui comme des phénomènes, d'effectuer de mémoire des calculs fort compliqués.

STÉNARITHMIE

OU

ABRÉVIATION DES CALCULS.

CHAPITRE PREMIER.

NUMÉRATION.

On appelle *numération* la manière d'indiquer les nombres.

L'indication des nombres se fait, soit en les énonçant verbalement, ce qui constitue la *numération parlée;* soit en les représentant par des chiffres, ce qui forme la *numération écrite.*

Les nombres naturels se composent de l'unité ajoutée successivement à elle-même, les voici : *un;* un et encore un, ce qui s'exprime par le mot *deux;* deux et encore un, ce qui s'exprime par le mot *trois,* et en continuant ainsi on obtient les mots *quatre, cinq, six, sept,* etc.

Les chiffres qui servent à indiquer ces nombres sont : 1, 2, 3, 4, 5, 6, 7, 8, 9.

Chaque nombre n'a pas un *nom* qui lui soit propre, ni un *chiffre* spécial pour le figurer ; cela serait incommode, et même impossible, car les nombres sont en quantité infinie ; en effet, quelque grand que soit un nombre, on peut toujours en former un plus grand, en y ajoutant un autre nombre.

On se sert aussi des neuf chiffres qui représentent les neuf premiers nombres naturels pour écrire tous les nombres plus grands que 9, parce qu'on est convenu de faire exprimer à un chiffre quelconque une valeur de dix en dix fois plus grande que sa valeur naturelle, à mesure qu'on le recule d'un rang à gauche. Ainsi, dans le nombre 444, le 4 qui est le premier, à droite, a sa valeur naturelle *quatre;* le second, qui est au milieu, a dix fois sa valeur quatre, c'est-à-dire *quarante;* le troisième, qui est à gauche, a dix fois la valeur du second, c'est-à-dire *quatre cents.*

Il résulte de cette combinaison qu'avec un seul chiffre, on peut représenter un nombre très grand, en le plaçant à un rang très éloigné de la droite ; ce rang est indiqué par des zéros. Exemple : *quatre trillions.*

4 000 000 000 000

Les chiffres prenant des valeurs différentes en changeant de place dans un nombre, devaient aussi recevoir des noms différents ; ainsi, en partant de la droite, le premier 4 s'appelle *quatre,* le second *quarante,* le troisième *quatre cents;* mais, pour éviter une trop grande multiplicité de mots, on n'a pas continué cette marche, on a adopté des noms qui s'appliquent à trois chiffres à la fois, et expriment des valeurs de mille en mille fois plus grandes, à mesure que les chiffres reculent de trois rangs à gauche, de sorte que les trois chiffres qui viennent après les centaines s'appellent des *mille,* les trois chiffres suivants des *millions,* etc.

Chacun des chiffres a par conséquent un nom simple

qui exprime sa valeur primitive, *un, deux, trois,* etc. ; un nom composé indiquant les décuples, *dix, vingt, trente,* etc ; un second nom composé pour désigner les centaines, *cent, deux cents, trois cents,* etc. ; et enfin un nombre indéterminé de noms composés de ces trois premières espèces de noms, et d'un autre qui fait connaître les multiples de mille, *mille, deux mille, trente mille, quatre cent mille, cinq millions,* etc.

Pour pouvoir énoncer promptement un nombre, il convient, quand on l'écrit, de laisser un peu d'intervalle entre chaque période de trois chiffres. (Il y a des personnes qui séparent les mille par des points ou par des virgules ; mais c'est une mauvaise méthode, en ce que cette ponctuation peut se confondre avec celle qui marque les décimales, et occasionner ainsi des erreurs.) Ces périodes s'appellent *tranches.* La première, après les centaines, contient les *mille,* la seconde les *millions,* la troisième les *billions,* etc.

Ce nombre 17 333 425 666 202 045 106 s'énonce ainsi : dix-sept quintillions trois cent trente-trois quatrillions quatre cent vingt-cinq trillions six cent soixante-six billions deux cent deux millions quarante-cinq mille cent six.

On dit nombres *concrets* pour ceux où l'espèce des unités est indiquée, comme douze chevaux, cent hommes ; nombres *abstraits* quand le nom n'y est pas, comme douze, cent ; et nombres *complexes* lorsqu'il y a plusieurs espèces d'unités, comme cinq pieds deux pouces, quinze livres dix sous.

CHAPITRE II.

SIGNES.

On fait usage, en arithmétique, de signes qui servent à abréger l'écriture. Les voici :

SIGNES.	MOTS QU'ILS REMPLACENT.	EXEMPLES.	ÉNONCIATION.
$+$	*Plus.*	$4 + 2$	Quatre plus deux.
$-$	*Moins.*	$4 - 2$	Quatre moins deux.
$=$	*Égale.*	$4 = x$	Quatre égale x.
$\times$	*Multiplié par.*	4×2	Quatre multiplié par deux.
$-$	*Divisé par.*	$\frac{4}{2}$	Quatre divisé par deux.
$:$	*Idem.*	$4 : 2$	Quatre divisé par deux.
$:$	*Est à.*	$4 : 2$	Quatre est à deux.
$::$	*Comme.*	$4 : 2 :: 6 : 3$	Quatre est à deux comme six est à trois.
$\div$	*Progression arith.*	$\div 1.2.3$	Un est à deux comme deux, etc.
$\div\div$	*Progression géom.*	$\div\div 1 : 2 : 4$	Un est à deux comme deux, etc.
$\sqrt{}$	*Racine.*	$\sqrt{4}$	Racine carrée de quatre.
		$\sqrt[3]{4}$	Racine cube de quatre.
$<$	*Plus petit.*	$4 < 5$	Quatre plus petit que cinq.
$>$	*Plus grand.*	$5 > 4$	Cinq plus grand que quatre.
∞	*Infini.*	$\frac{1}{3} = 0,33\, \infty$	Un tiers égale la décimale 3 à l'infini.

CHAPITRE III.

ADDITION.

—

Article 1er.

MÉTHODE GÉNÉRALE.

L'addition est la réunion de plusieurs nombres en un seul. Le résultat s'appelle *somme* ou *total*.

EXEMPLE. J'ai payé 17 francs pour la diligence et 6 francs pour l'hôtel ; combien ai-je dépensé en tout ?

Pour répondre à cette question, il faut faire l'addition des deux sommes. Le total sera le montant de la dépense.

$$17 + 6 = 23$$

Ce total est donc *vingt-trois francs*.

2e EXEMPLE. J'ai acheté une bibliothèque 135 francs, les œuvres de Voltaire 85 francs, celles de Racine 42 francs, et j'ai payé 3 francs au commissionnaire ; à combien le tout me revient-il ?

$$135 + 85 + 42 + 3 = 265$$

Le total 265 est la réponse à la question.

L'addition est l'opération qui se présente le plus souvent, elle est par conséquent la plus utile à connaître ; c'est d'ailleurs la plus facile lorsqu'il ne s'y trouve pas beaucoup de chiffres ; mais elle devient au contraire la plus difficile quand on doit l'exécuter sur une grande quantité de chiffres à la fois. Dans ce cas, il est commode d'écrire les nombres les uns sous les autres, pour les additionner, en plaçant en ligne verticale les chiffres de même rang.

3ᵉ EXEMPLE. J'ai vendu pour 325 francs de fourrage, pour 98 francs d'orge, 1442 francs d'avoine, 66 francs de paille, 2314 francs de blé, j'en ai encore pour 1264 francs, la basse-cour a rapporté 2345 francs; quel a été le produit de ma ferme?

On place les nombres l'un sous l'autre, unités sous unités, dizaines sous dizaines, etc.

	preuve	
325		1
98		8
1 442		2
66		3
2 314		1
1 264		4
2 345		5
7 854		6

On souligne et on écrit au-dessous le total qui est la réponse cherchée.

rticle 2.

MÉTHODES PRATIQUES.

Il est essentiel de s'exercer beaucoup sur l'addition, et de la faire, tantôt verticalement, tantôt horizontalement. C'est à tort que cette dernière manière n'est pas enseignée, car on s'en sert très souvent dans le commerce et dans les administrations, où les chiffres sont presque toujours groupés en tableaux analogues au suivant :

DÉPENSES DE L'ANNÉE 1861.

INDICATION DES MOIS.	NOURRITURE		CHAUFFAGE ET ÉCLAIRAGE.		BLANCHISSAGE		LOYER ET AUTRES FRAIS		TOTAL PAR MOIS.	
Janvier	125	35	45	25	25	»	540	»	735	60
Février	136	45	57	70	33	30	125	»	352	45
Mars	198	90	32	»	17	50	136	»	384	40
Avril	142	20	24	»	29	»	560	»	755	20
Mai	137	75	16	»	18	80	240	»	412	55
Juin	142	30	45	»	17	70	110	»	285	»
Juillet	126	60	10	70	45	90	518	50	671	70
Août	145	35	10	35	16	40	230	»	402	10
Septembre	130	30	42	»	12	50	120	20	305	»
Octobre	128	35	50	30	39	90	710	»	958	55
Novembre	162	40	25	»	13	20	125	»	325	60
Décembre	128	80	32	30	25	»	106	»	292	10
TOTAUX . .	1 701	75	360	60	264	20	3 550	70	5 880	25

On voit, par cet état, que les totaux de la dernière ligne font connaître les frais de l'année, pour chaque nature de dépense, et que la dernière colonne indique ce qui a été payé par mois. Le dernier total, 5 880,25 est le montant des dépenses de l'année, et on a la certitude qu'il est juste quand il se trouve par l'addition de la dernière colonne en même temps que par celle de la dernière ligne. Ainsi il suffit seul pour la vérification entière du tableau.

Il arrive souvent que les comptables ont à additionner ensemble plusieurs centaines et même plusieurs milliers de sommes, ordinairement séparées en pages de 40 à 50 nombres. Ceux qui font ces calculs comptent habituellement 2 ou 3 chiffres à la fois, ce qui est plus prompt et même plus facile que de les réunir un à un. En effet, que l'on ait les chiffres 8, 7, 6, 9, 4, 1, 5, 6, 5; il est plus aisé de dire (en prenant les 2 premiers chiffres, puis les 2 suivants, ensuite les 3 qui viennent après, enfin les 2 derniers) 15, 30, 40, 51, que de compter 8, 15, 21, 30, 34, 35, 40, 46, 51.

Arrivé aux centaines, on se dispense de les énoncer; ainsi, au lieu de prononcer 104, 109, 115 ou 203, 209, 217, etc., on dit simplement 104, 9, 15 ou 203, 9, 17, etc.; parvenu au bas de la page, si l'on a trouvé 85, par exemple, on pose 5; mais il faut savoir si l'on doit retenir 8, 18 ou 28. On s'en assure en examinant la force des chiffres que l'on vient d'additionner; il faut qu'ils soient presque tous faibles pour n'avoir que 8 à retenir; s'ils sont moyens, comme 4 et 5, ou si les forts sont à peu près en même nombre que les faibles, on retient 18; pour retenir 28 il faut qu'il y ait beaucoup de 9 et de 8 ; un coup d'œil rapide suffit à cet examen, et les calculateurs ne se trompent pas sur la retenue qu'ils doivent faire.

Il est clair que si la page était plus courte ou plus longue, la retenue varierait : pour 20 sommes, la retenue moyenne est de 10 et se tient le plus souvent dans les limites de 5 à 15 ; une page de 30 sommes donne en moyenne 15 pour la retenue et 10 à 20 pour les limites : la moyenne s'établit en supposant que chaque chiffre est un 5.

Pour vérifier un total, la méthode la plus suivie, qui est aussi la meilleure, consiste à additionner une seconde fois, en allant de bas en haut, si l'on avait d'abord additionné du haut en bas.

On peut aussi faire la preuve en opérant sur la somme des chiffres, comme on a opéré sur les nombres, cette somme étant réduite à un seul chiffre, comme on le voit ci-devant, 3ᵉ exemple. Le premier nombre, 325 donne, pour la somme de ses chiffres, 10 ou 1. Le second, 98, forme 17 d'abord, puis 1 + 7 ou 8. Ainsi de suite pour 1442, 66, 2314, 1264 et 2345. La réunion de ces chiffres forme en dernier lieu 6, et comme le total 7854 donne le même résultat, on en conclut que le calcul est régulier, à moins qu'il ne s'y soit glissé deux erreurs qui se compensent.

Dans l'addition des nombres complexes, tels que les toises, pieds, pouces, etc., on fait d'abord le total de la plus petite espèce d'unités, et on cherche combien il contient d'unités de l'espèce supérieure. *Ex.* :

4 toises	5 pieds	10 pouces.
2	4	9
6	5	8
5	5	11
2	4	7

Il y a 45 pouces ; si le pied était de 10 pouces, ce serait 4 pieds 5 pouces ; comme il en vaut 12, c'est 4 pieds 5 pouces moins 8 pouces, ou 4 pieds moins 3 pouces, ou 3 pieds 9 pouces ; je pose 9 et retiens 3 ; il y a 26 pieds ; si la toise était de 10 pieds, ce serait 2 toises 6 pieds ; si elle était de 5, ce serait 4 toises 6 pieds, puisqu'elle est de 6 pieds, c'est 4 toises 6 pieds moins 4 pieds ou 4 toises 2 pieds ; je pose 2 et retiens 4, etc.

Pour la monnaie de compte de Hambourg, qui se compose de marcs de banque et de schellings, après avoir trouvé le total des schellings, qui sont des seizièmes de marc, on fait, de tête, la division par 20, avec le complément 4, comme il est indiqué ci-après, chapitre 6, art. 2. *Ex.* :

B^{co}	17	14
	15	13
	6	15
	40	10

Le total est 42 schellings ; on dit : la moitié de 4 est de 2 ; reste 2 : il y a donc 2 fois 20 schellings plus 2 schellings, ou 2 fois 16 schellings plus 2 schellings plus 8 schellings, ou enfin 2 marcs 10 schellings ; je pose 10 et retiens 2.

Si l'on avait un total de 135 schellings, on prendrait la moitié de 13, c'est 6, reste 15, ce qui fait 6 marcs 15 schellings plus 6 fois 4 schellings, c'est-à-dire

6 marcs et 39 schellings; dans 39 il y a 2 marcs et 7 schellings, total définitif 8 marcs 7 schellings.

Article 3.

CALCUL MENTAL.

Indépendamment de l'addition verticale et de l'addition horizontale, on doit s'habituer à additionner de mémoire; à cet effet, il faut d'abord énoncer tous les nombres naturels 1, 2, 3, 4, 5 jusqu'à 100. Ensuite compter les nombres pairs 2, 4, 6, 8, 10 jusqu'à 100 ; puis par 3, par 4, par 5, par 6, par 7, etc. On dira donc, quand ce sera par 4 : 4, 8, 12, 16, 20, 24, etc.; mais on devra aussi commencer par d'autres nombres, comme 1, 5, 9, 13, etc. ; 2, 6, 10, 14, etc.; 3, 7, 11, 15, etc.

Ces exercices, très simples, donneront beaucoup de facilité pour le calcul.

Il convient ensuite d'opérer sur des nombres plus forts, tels que 426 + 337, 2646 + 4829.

On trouve toujours des moyens de faciliter les calculs ; si l'on proposait, par exemple, d'additionner de mémoire 1752 avec 198, ce qui paraît difficile au premier abord, et qui cependant est très simple, il faut remarquer que 198 est 2 de moins que 200 ; donc, si on ajoute 200, ce sera 2 de trop, et qu'il faudra retrancher ensuite ; on aura alors 1752 plus 200 font 1952; en diminuant de 2, il reste 1950 ; donc 1752 + 198 = 1950. De même on s'apercevra tout de suite que 333 plus 99 font 433 moins 1, c'est-à-dire 432.

Il y a une autre manière de faire l'addition de mémoire, elle consiste à ne compter qu'un chiffre à la fois ; ainsi, pour ajouter 198 à 1752, on dit : 1752 et 100 font 1852, et 90 font 1942, et 8 font 1950.

Enfin on s'aide encore dans l'addition en partageant en deux parties le nombre à ajouter, quand il s'y trouve des chiffres forts et qui produiraient plusieurs retenues embarassantes. On évite ces retenues. Dans l'exemple précédent, 1752 + 198, si l'on décompose le dernier nombre en 48 et 150, on aura à additionner d'abord 1752 avec 48, ce qui fait 1800 ; puis 1800 avec 150 on retrouve 1950.

Le total de 426 plus 337 s'obtiendra sans peine si l'on partage 337 en 333 et 4. Il reste 426 à additionner avec 4, on trouve 430, à quoi ajoutant 333, il vient 763.

Pour joindre 2646 à 4829 on peut 1° séparer ce dernier en 4424 et 405, ce qui donne 2646 + 4424 = 7070 et 7070 + 405 = 7475 ; 2° de 4829 faire 5000 — 171, ce qui fournit 2646 + 5000 = 7646, 7646 — 171 = 7646 — 200 + 29 = 7446 + 29 = 7445 + 30 = 7475.

En dernier lieu, on trouve quelquefois de l'avantage à additionner les centaines ensemble et ensuite le surplus ; pour 2646 plus 4829, on a 26 plus 48 qui font 74 centaines, puis 46 plus 29 qui forment 75 ; total 7475.

Il est bon de s'habituer à tous ces moyens de calcul.

CHAPITRE IV.

SOUSTRACTION

Article 1er.

MÉTHODE GÉNÉRALE.

Dans la soustraction, on retranche un ou plusieurs nombres, nommés *minuteurs*, d'un autre nombre, appelé *minuende*. On désigne le résultat par un des mots *reste*, *excès* ou *différence*.

Quand il n'y a qu'un minuteur, on l'écrit au-dessous du minuende, et on fait la soustraction, chiffre par chiffre, en commençant par la droite.

EXEMPLE. J'avais au commencement du mois 5206 francs, il m'en reste 1374; combien ai-je dépensé ?

$$\begin{array}{r} 5\,206 \\ 1\,374 \\ \hline 3\,832 \end{array}$$

Après avoir souligné, on dit : quatre ôtés de six, il reste 2, qu'on écrit sous le 4 ; sept ôtés de dix, reste 3, qu'on écrit sous le 7, et on retient un ; puisqu'on a dit dix ; un de retenue et 3 font quatre, ôtés de 12, reste 8, qu'on écrit sous le 3, et on retient 1 ; un et 1 font 2, ôtés de 5, reste 3, qu'on écrit sous le 4. Le résultat est 3832 francs.

Pour simplifier, au lieu de dire 4 ôtés de 6, 7 ôtés de 10, on dit 4 de 6, 7 de 10.

Quand il y plusieurs minuteurs, on **en fait d'abord** l'addition, et on retranche le total. Exemple :

Je suis parti de Paris avec 5206 francs, j'ai payé pour frais de poste 255 francs, pour nourriture et coucher dans les hôtels 432 francs, dans les promenades et spectacles 212 francs, pour mes acquisitions à Beaucaire 1750 francs, réparations à ma voiture 195 francs. Combien doit-il me rester?

J'additionne' 255
432
212
1 750
195
____
Ce qui fait 2 844

Cette somme, retranchée de 5 206 preuve 4
2 844 9
____ ____
Il reste 2 362 4·

C'est-à-dire que j'ai encore 2 362 francs.

Pour faire la preuve par la somme des chiffres, il faut ajouter celle qui provient du reste à la **somme des** chiffres du minuteur ; le total doit être égal à la **somme des** chiffres du minuende.

Article 2.

MÉTHODES PRATIQUES.

Pour la pratique, on doit s'exercer à faire **la soustraction** sans avoir besoin d'écrire le minuteur au-dessous de l'autre nombre ; il arrive souvent que ce minuteur est au contraire au-dessus ; il se trouve quelquefois à côté, avant, ou après; dans tous ces cas, il faut pouvoir faire la soustraction sans être obligé de poser les chiffres à part. Exemple :

$$\begin{array}{r} \text{Retrancher} \quad 1\,752 \\ \text{de} \quad 4\,000 \\ \hline \text{Reste} \quad 2\,248 \end{array}$$

$$427 - 84 = 343$$

$$- 125 + 236 = 111$$

Quand il s'agit de soustraire plusieurs nombres d'un seul, on peut se dispenser d'en faire préalablemê l'addition ; l'exemple donné à l'article 1ᵉʳ se résoudra ainsi :

$$\begin{array}{r} 5\,206 \\ - \quad 255 \\ - \quad 432 \\ - \quad 212 \\ - 1\,750 \\ - \quad 195 \\ \hline = 2\,362 \end{array}$$

On fait en même temps l'addition et la soustraction en disant, 5 et 0, 5, et 2, 7, et 2, 9, et 5, 14, ôtés de 16, reste 2, que j'écris, et retiens 1, et 9, 10, et 5, 15 et 1, 16, et 3, 19, et 5, 24, de 30, reste 6, que je pose et retiens 3, et 1, 4, et 7, 11, et 2, 13, et 4, 17, et 2, 19 de 22, reste 3 que j'écris, et retiens 2, et 1, 3, ôtés de 5, reste 2, que je place au-dessous. L'opération est terminée, et j'ai pour reste 2 362.

Le calcul serait le même si les nombres étaient placés sur une seule ligne, comme

$$5\,206 - 255 - 432 - 212 - 1\,750 - 195 = 2\,362$$

Il y a une autre manière de faire la soustraction, plus simple et meilleure par conséquent ; elle consiste à opérer comme si la soustraction était déjà faite, et qu'on voulût la vérifier, en additionnant le minuteur avec le reste.

$$427$$
$$69$$
$$\overline{358}$$

On s'exprime ainsi : 9 et 8 (on écrit le 8 en même temps qu'on le prononce) font 17, je retiens 1, et 6, 7, et 5 (en écrivant le 5) font 12, je retiens 1, et 3 (en écrivant le 3) font 4. Le reste est 358.

On pourrait simplifier la soustraction en déduisant, dans chaque terme, du chiffre le plus fort, le chiffre le plus faible du même rang.

Minuende	427	réduit à	401
Minuteur	96	réduit à	70
		reste	331

J'ai retranché le 2 du minuende et j'ai diminué de 2 le 9 du minuteur, ensuite j'ai supprimé le 6 du minuteur et j'ai réduit de pareil nombre le 7 du minuende.

Article 3.

COMPLÉMENTS.

On appelle complément d'un nombre ce qui manque à ce nombre pour qu'il soit égal à 10, 100, 1000, etc., c'est-à-dire à un nombre figuré par le chiffre 1 suivi d'un ou de plusieurs zéros. Ainsi le complément de 8 est 2, parce que 2 et 8 font 10 ; le complément de 6 est 4, parce que 4 et 6 font 10 ; le complément de 88 est 12, parce que 12 et 88 font 100 ; le complément de 57 est 43, parce que $43 + 57 = 100$; le complément de 60 est 40, parce que $40 + 60 = 100$; le complément de 666 est 334, parce que $334 + 666 = 1000$.

Au moyen des compléments, on peut remplacer la soustraction par une addition, il suffit, pour cela, de totaliser le complément du minuteur avec le minuende, et de diminuer le total de 10, de 100, de 1000, etc., suivant le complément dont on s'est servi.

Ex. : De 17 soustraire 8.

Je dis : le complément de 8 est 2, 17 et 2 font 19, et comme j'ai employé un complément de 10, je diminue le total de 10, il reste 9 ; c'est le résultat de la soustraction.

Si l'on avait à ôter 45 de 63, on ajouterait 55, complément de 45, à 63, le total est 118, en le diminuant de 100, on a 18 qui est le résultat cherché.

La règle peut s'écrire ainsi :

$$
\begin{array}{r r}
 & 63 \\
- & 45 \\
\hline
\text{Total} & 118 \\
- & 100 \\
\hline
\text{Reste} & 18 \\
\end{array}
$$

Il faut remarquer que le complément, au lieu de se calculer sur le nombre tout entier, se prend sur chaque chiffre en particulier, et que, pour le premier chiffre de droite, ce complément est la différence avec 10, tandis que pour tous les chiffres qui viennent après, il égale la différence de ces chiffres avec 9. Si j'ai besoin du complément de 1352, je ne m'occupe pas du nombre entier, mais seulement du 2 d'abord, son complément est 8 ; du 5 ensuite, son complément est 4 : puis du 3, son complément est 6 ; enfin de l'un, son complément est 8.

Ex. :

```
          De       48 260
    retrancher      35 791
                  ──────────
                    112 469
    diminuer        100 000
                  ──────────
          reste      12 469
```

Voici les calculs : 0 et 9 (complément de l'un) font 9, que je pose ; 6 et 0 (complément de 9) font 6, je pose 6 ; 2 et 2 (complément de 7) font 4, je pose 4 ; 8 et 4 (complément de 5) font 12, je pose 2 et retiens 1, 1 de retenue et 4 font 5, et 6 (complément de 3) font 11, que j'écris, et je diminue le total de 100 000, dont j'ai employé le complément. Le reste est 12 469.

On doit cependant s'habituer à ne pas prononcer toutes ces paroles, ce qui serait long et embarrassant, mais dire simplement, comme dans une addition ordinaire : 0 et 9, 9 ; 6 et 0, 6 ; 2 et 2, 4, etc.

De même, quand il s'agit de diminuer le total à cause du complément, on ne met pas les zéros qui ne servent qu'à allonger l'opération.

Ex. :

```
              4 624
         --     890
              ──────
    Total     4 734
         --       1
              ──────
                2 72
```

On peut opérer sur plusieurs compléments à la fois.

Ex. :	5 640
	— 1 750
	— 0 890
	— 1 412
Total	31 586
	— 3
	1 586

REMARQUE. Pour plus de simplicité, quand les minuteurs n'ont pas tous le même nombre de chiffres, on rend ce nombre égal ; c'est pourquoi un zéro a été mis au devant de 890.

Pour des opérations aussi simples que celles qui viennent d'être indiquées, il n'y a pas un grand avantage à se servir des compléments ; mais dans beaucoup de circonstances il est utile d'en faire usage On trouve même des questions qui ne peuvent pas être résolues directement sans le secours des compléments. La suivante est de ce nombre :

Je suis parti de chez moi avec 1 152 fr. ; j'ai payé à la diligence 85 fr., à l'hôtel 166 fr., j'ai reçu de M. Norris 857 fr., j'ai payé à Ebelmen 520 et à Nich 18 fr., ma traversée m'a coûté 776 fr., et mon retour 885 fr., enfin j'ai vendu au comptant pour 470 fr. de marchandises ; quelle somme dois-je avoir ?

La règle se pose ainsi :

$$
\begin{array}{rr}
 & 1\,152 \\
- & 085 \\
- & 166 \\
+ & 857 \\
- & 520 \\
- & 018 \\
- & 776 \\
- & 885 \\
+ & 470 \\
\hline
\text{Total} \quad & 6\,029 \\
- & 6 \\
\hline
\text{Reste} \quad & 29 \\
\end{array}
$$

Article 4.

CALCUL MENTAL.

On a souvent besoin d'effectuer de mémoire des soustractions, il est donc nécessaire de s'exercer à cette opération, en la pratiquant sur des nombres faciles d'abord, et en passant ensuite à d'autres plus embarrassants. On acquerra ainsi de l'habileté, et il se rencontrera peu de circonstances dans lesquelles on aura besoin de recourir à la plume.

Pour commencer, on décomptera, à partir de 100, par unités, puis par 2, par 3, etc., de cette manière : 100, 99, 98, 97, etc. ; 100, 98, 96, 94, etc. ; 99, 97, 95, 93, etc ; 100, 97, 94, 91, etc. ; 99, 96, 93, 90, et ainsi de suite.

Ces calculs seront réitérés jusqu'à ce qu'on soit parvenu à les faire sans hésitation.

Les soustractions de tête ne présentent pas de difficulté quand les chiffres du minuteur sont plus faibles que ceux de même rang dans le minuende : ainsi de 8 ôter 5, reste 3 ; de 88 ôter 55, reste 33.

S'il y a plusieurs chiffres, on les considère séparément : dans 87 moins 42, on voit 8 moins 4, et 7 moins 2, ce qui donne les restes 4 et 5, d'où se conclut le résultat 45. De même 406 moins 105 présentent 4 moins 1, reste 3, et 6 moins 5, reste 1 ; résultat 301. Enfin $3647 — 512 = 3147 — 12 = 3137 — 2 = 3135$.

Quand on trouve des chiffres du minuteur plus forts que ceux de même rang dans le minuende, on ajoute à chaque terme un nombre qui facilite l'opération sans en changer le résultat. Pour déduire 49 de 125, on ajoute un à chaque nombre, il vient 50 et 126, ajoutant encore 50 à chacun de ces derniers, on trouve 176 et 100 qui ne présente plus aucune difficulté : $176 — 100 = 76$.

On s'exercera ensuite sur des nombres plus compliqués, comme 525 à retrancher de 743, j'ajoute 5, il vient 530 et 748 qui donnent pour reste 218.

1243 moins 997 égalent 1246 moins 1000, ou 246.

1243 moins 548 égalent 1245 moins 550, ou 1295 moins 600, ou 695.

Quand les nombres sont composés d'entiers et de fractions, on opère d'abord sur les entiers et ensuite on complète le calcul. *Ex.* : de 342 fr. 35 c. déduire 91,43. Je dis 342 plus 9 font 351, retranchant le complément, il reste 251. Puis 35 et 57 font 92 ; il faut diminuer d'un franc le résultat, qui est donc 250 fr. 92 c.

Si l'on préférait n'opérer que sur des entiers, on aurait $34\,235 - 9143 = 25\,092$.

De $340 + \frac{1}{4}$ retrancher $96 + \frac{2}{3}$

Je transforme ces nombres en $344 + \frac{1}{4} - 100 - \frac{2}{3}$
$= 244 + \frac{1}{4} - \frac{2}{3} = 243 + \frac{5}{4} - \frac{2}{3} = 243 + \frac{15}{12} - \frac{8}{12}$
$= 243 + \frac{7}{12}$

CHAPITRE V.

MULTIPLICATION.

—

Article 1ᵉʳ.

MÉTHODE GÉNÉRALE.

La multiplication est un cas particulier de l'addition dans lequel les nombres à réunir sont semblables ; ils prennent alors le nom de *multiplicande*, leur quantité celui de *multiplicateur* ou de *coefficient*, et le résultat celui de *produit* ou de *multiple*. Le multiplicande et le multiplicateur s'appellent aussi des *facteurs*.

Multiplier un nombre par 2, c'est le répéter deux fois, le doubler, ou l'additionner avec lui-même.

Ex. : 123 à multiplier par 2, Deux fois 123 font 246 ; donc 246 est le produit de cette multiplication.

ou bien $123 + 123 = 246$.

Multiplier par 3, c'est tripler un nombre, ou le répéter trois fois. *Ex* : 123 à multiplier par 3. Le triple de 123 est 369, ou bien 123 + 123 + 123 = 369.

Quand le multiplicateur n'a qu'un chiffre, comme 2, 3, 4, 5, 6, 7, 8 ou 9, on fait la multiplication en doublant le multiplicande, en le triplant, en le quadruplant, en le quintuplant, etc.

Si les deux facteurs sont de plusieurs chiffres, on écrit l'un sous l'autre, on souligne et on opère comme il suit :

123 à multiplier par 45.

$$
\begin{array}{r}
123 \\
45 \\
\hline
615 \\
4\,92 \\
\hline
5\,535
\end{array}
$$

On dit : 5 fois 3 font 15, je pose 5 et retiens 1 ; 5 fois 2 font 10 plus 1 que j'ai retenu font 11, je pose 1 et retiens 1 ; 5 fois 1 font 5 plus 1 de retenue font 6, je le pose. Ensuite on passe au 4 et on dit : 4 fois 3 font 12, je pose 2 au second rang, parce que 4 est au second rang, et retiens 1 ; 4 fois 2 font 8 plus 1 de retenue 9, je l'écris; 4 fois 1 font 4, que je pose. On souligne et on additionne les 2 nombres trouvés, il vient 5 535; c'est le produit de la multiplication. On appelle aussi 5 535 un *multiple* de 45 et de 123.

Quand le multiplicateur est figuré par le chiffre 1 suivi d'un ou de plusieurs zéros, il suffit, pour que la multiplication soit faite, d'ajouter au multiplicande autant de zéros qu'il y en a au multiplicateur.

Ainsi pour multiplier 17 par 10, il faut ajouter un zéro à 17, on a 170 qui est le produit de 17 × 10.

On trouve de même que :

$$35 \times 100 = 3\,500.$$
$$123 \times 1000 = 123\,000.$$
$$40 \times 1000 = 40\,000.$$
$$14,5 \times 1000 = 14\,500,0 \text{ ou } 14\,500.$$

Il est bon d'ailleurs de se rappeler que le multiplicande peut être pris pour multiplicateur, c'est-à-dire que 35×100 donne le même produit que 100×35.

On peut se dispenser d'écrire les produits partiels en réunissant, par la pensée, tous les produits d'un même ordre, avant de poser le chiffre qui convient définitivement à cet ordre. *Exemple* :

Multiplier	5 678
Par	1 234
Produit	7 006 652

Opération : 4 fois 8 font 32, je pose 2 et retiens 3 ; 4 fois 7, 28, et 3 de retenue, 31, 3 fois 8, 24, et 31, 55, je pose 5 et retiens 5 ; 4 fois 6, 24, et 5 de retenue 29, 3 fois 7, 21, et 29, 50, 2 fois 8, 16, et 50, 66, je pose 6 et retiens 6 ; 4 fois 5, 20, et 6 de retenue 26, 3 fois 6, 18, et 26, 44, 2 fois 7, 14, et 44, 58, 1 fois 8 et 58, 66, je pose 6 et retiens 6 ; 3 fois 5, 15, et 6 de retenue 21, 2 fois 6, 12, et 21, 33, 1 fois 7, et 33, 40, je pose 0 et retiens 4 ; 2 fois 5, 10, et 4 de retenue 14, 1 fois 6 et 14, 20, je pose 0 et retiens 2 ; 1 fois 5, et 2 de retenue 7, je le pose.

Article 2.

MÉTHODES PRATIQUES PERFECTIONNÉES.

La multiplication peut souvent se remplacer par

une addition, et il ne faut pas négliger ce moyen, quand il présente de l'avantage ; par exemple, pour la multiplication de 45 par 123, il suffit d'écrire d'abord 45 une fois, de le placer ensuite au-dessous 2 fois en avançant d'un rang à droite, puis 3 fois, en avançant encore d'un rang et d'additionner le tout.

Voici l'opération :

$$
\begin{array}{r}
45 \\
45 \\
45 \\
45 \\
45 \\
45 \\
\hline
\text{Total.} \quad 5\,535
\end{array}
$$

On aurait pu d'ailleurs écrire d'abord   123
Quadrupler ce nombre en mettant au-dessous, ci   492
Répéter ce quadruple en le reculant d'un rang, ci   492
                                           Total.   5 535

Indépendamment de ces moyens de simplification , qui sont très importants, on en peut trouver d'autres en faisant usage des compléments et de la soustraction ; on réduit ainsi quelques fois à une simple soustraction ou à une addition de quelques nombres, une multiplication qui, par la méthode ordinaire, eût été très difficile et très longue.

Par exemple, proposons-nous de multiplier 46 527 par 999 ; en suivant l'usage, on écrira :

$$46\ 527$$
$$999$$
$$\overline{418\ 743}$$
$$4\ 187\ 43\ .$$
$$41\ 874\ 3\ .\ .$$
$$\overline{46\,480\ 473}$$

Tandis qu'il suffit de poser	46 527
de répéter ce nombre en l'avançant de 3 rangs, ci	46 527
et de faire la soustraction	46 480 473

On peut juger par cet exemple, dans lequel une multiplication de 15 chiffres se trouve réduite à une soustraction de 5 chiffres seulement, de l'avantage que donnent les méthodes perfectionnées

L'étude de ces méthodes ne présente aucune difficulté, et il suffit d'un peu d'intelligence pour appliquer à l'opération qu'on a à faire le mode de calcul le plus convenable, c'est-à-dire le plus facile.

La multiplication de 123 par 45, qui vient d'être faite par deux méthodes différentes, peut s'effectuer encore autrement.

Ainsi on peut ajouter à 123 deux zéros ou deux points, ce qui revient au même, et ce nombre sera multiplié par 100. (Il vaut mieux ajouter des points, parce que le nombre sur lequel on opère n'est pas altéré et se reconnaît mieux, par conséquent.)

On aura donc, par 100		12 300
Moitié	50	6 15 .
Avancer d'un rang		615
Soustraire, il reste		5 535

Voilà quatre manières de trouver ce produit 5 535,

et il convient d'employer celle qui présente le moins de difficulté ; c'est évidemment la dernière, et on fera bien de s'en servir toutes les fois qu'on aura le facteur 45.

Au moment d'effectuer une multiplication, on doit donc en examiner les termes, afin de prendre pour multiplicateur celui qui est le plus avantageux ; c'est ordinairement celui qui a le moins de chiffres ; on doit aussi préférer généralement celui qui a les chiffres les plus gros, comme des 9, des 8, etc. ; il faut surtout s'attacher à reconnaître ceux qui dérivent des décimales, ou qui en sont des facteurs plus ou moins rapprochés, comme 50, qui a pour voisins 49, 51, 55, etc.

C'est ainsi que, pour obtenir le produit de 357 par 99, on prendra pour multiplicateur 99, qui approche de 100, et on dira : si je multiplie 357 par 100, ce sera une fois de trop, il suffira donc de diminuer de 357 le produit par 100, pour avoir le produit par 99.

Voici l'opération :

J'écris le multiplicande avec deux points, ci	3 57..
Je le répète, en l'avançant de deux rangs, ci	357
Je fais la soustraction et j'ai pour produit	35 343

Si l'on avait eu à multiplier par 98, l'opération serait la même, à la seule différence qu'il faut écrire deux fois le multiplicande au-dessous.

Ex. : 357 × 98, j'écris	3 57..
	357
	357
Reste	34 986

Pour le multiplicateur 97 on retrancherait 3 fois le multiplicande.

$$
\begin{array}{r}
35\ 7\ .\ . \\
-\quad 357 \\
-\quad 357 \\
-\quad 357 \\
\hline
=\quad 34\ 629
\end{array}
$$

Ou bien on retrancherait le triple dudit multiplicande.

3 fois 357 avancées de 2 rangs
$$
\begin{array}{r}
357\ .\ . \\
1071 \\
\hline
34\ 629
\end{array}
$$

Tout le monde comprendra que si les multiplicateurs,
au lieu d'être 99, 98, 97, étaient 101, 102, 103, la
manière de poser les chiffres serait absolument la
même, mais qu'il faudrait faire une addition au lieu
d'une soustraction. On aurait ainsi :

$$
357 \times 101 = \quad
\begin{array}{r}
35\ 7\ .\ . \\
+\quad 357 \\
\hline
\end{array}
$$

Total = au produit   36 057

$$
357 \times 102 \quad
\begin{array}{r}
35\ 7\ .\ . \\
357 \\
357 \\
\hline
36\ 414
\end{array}
$$

$$
357 \times 103 \quad
\begin{array}{r}
35\ 7\ .\ . \\
357 \\
357 \\
357 \\
\hline
36\ 771
\end{array}
$$

Pour multiplier un nombre par 5 ou par 50, il suffit
d'y ajouter un ou deux points, et d'en prendre la moitié ; cette moitié est le produit.

Ex. : 123 × 5.   J'écris   123.
Moitié   615

Si c'était par 4 ou par 6, on écrirait la moitié en reculant d'un rang, et on retrancherait ou on ajouterait
le multiplicande.

```
123 × 4, ci              123
        Moitié reculée  615
                        ─────
        Reste            492
123 × 6, ci              123
        Moitié reculée  615
                        ─────
        Total            738
357 × 50. J'écris      35 7..
        Moitié         17 850
```

Les dérivés de ce facteur sont faciles à trouver ; ainsi,
pour multiplier par 150, on n'a qu'à additionner ; par
155, on pose une fois de plus la moitié en l'avançant
d'un rang.

```
357 × 150. Avec 2 points    35 7..
           Moitié           17 85.
                            ───────
           Total et produit  53 550
357 × 155                    35 7..
           Moitié            17 850
           La même avancée    1 785
                             ───────
                             55 335
```

Ces derniers chiffres serviraient aussi pour la multiplication par 145, mais il faudrait retrancher le dernier nombre.

```
357 × 145                      35 7..
           Moitié              17 85.
           La même avancée      1 785
                               ───────
           Total par complément  64 765
           Moins                   1
                               ───────
                               51 765
```

On additionne les deux premiers nombres avec le complément du troisième, et on retranche ensuite 10 000 pour ce complément, à moins qu'on ne soustraie en même temps le complément, comme le font la plupart des calculateurs.

Rien n'empêche d'ailleurs de faire préalablement le total des deux premiers et de retrancher ensuite le troisième, de cette manière :

	35 7..
	17 85.
Total	53 550
Moins	1 785
	51 765

Les exemples et les explications qui précèdent suffiront pour faire comprendre comment on doit décomposer les multiplicateurs, pour réduire autant que possible les calculs : il est bien peu de circonstances dans lesquelles on soit obligé de suivre la méthode générale, qui est plus longue et plus difficile.

Multiplier 357 par 166 :

Par 100, j'ai	35 7..	100
Moitié	17 85.	50
Par 10	3 57.	10
Moitié	1 785	5
Multiplicande	357	1
Total	59 262	166

On voit, par les chiffres qui suivent l'opération, que le multiplicande a été répété 166 fois; en effet, on l'a eu d'abord 100 fois, puis 50, puis 10, puis 5, puis une; et tout le calcul s'est borné à prendre une moitié de trois chiffres, opération évidemment beaucoup plus simple que de multiplier d'après la méthode ordinaire.

Le produit aurait pu s'obtenir aussi de la manière suivante :

	Par	100, ci	35 7 ..
	Moins	1, ci	357
	Reste	99	35 363
	Un tiers	33	11 781
	Reste	66	23 562
		100	35 7 ..
	Total	166	59 262

Autres exemples :

357 × 167.

Par	100	35 7 ..
$^1/_3$	33,3	11 9 ..
$^1/_3$	33,3	11 9 ..
Avanc. 2 rangs	3	119
Total	167	59 619

357 × 168.

Par	100	35 7 ..
$^1/_3$	33,3	11 9 ..
$^1/_3$	33,3	11 9 ..
Avanc. 2 rangs	3	119
Multip.	1	357
	168	59 976

357 × 185.

Par	200	71 4 ..
—	10	3 57 .
—	5 moitié	1 785
Reste		66 045

357 × 267.

Par	100	35 7 ..
Idem	100	35 7 ..
$^1/_3$	33,3	11 9 ..
Idem	33,3	11 9 ..
Avanc. 2 rangs	3	119
		95 349

Ou bien :

	Par	300	1071 ..
	Avancer	30	— 1071 .
	Avancer	3	— 1071
	Reste		95 319

357 × 367	Par	100	357 ..
	Double	200	714 ..
	$^1/_3$	66,6	238 ..
	Moit. avan. 2 r.	3	119
			131 019

Ou bien :

	Par	1000	357 ...
	$^1/_3$	333,3	119 ...
	Avanc.	33,3	119 ..
	Avanc. 2 rangs	3	119
			131 019

357 × 33	Par	100	357 ..
	Moins	1	357
	Reste		35 343
	$^1/_3$		11 781

357 × 133	Par	100	357 ..
	$^1/_3$	33,3	119 ..
	Avanc. 2 rangs	3	— 119
			47 481

357 × 34	J'écris		357
	Je triple		1071
	Reculer		1071 .
			12 138

357 × 34 $^1/_2$	J'écris	357
	Triple	1 071
	Reculé	10 71 .
	Moitié du mult.	178,5
		12 316,5

$357 \times 334.$ Par   1000   357 ...

$^1/_3$ 333,3   119 ...
Avanc. 3 rangs   3   119
Idem   3   119

119 238

$357 \times 433.$ Par   100   357 ..
$^1/_3$ reculé   119 ...
Avanc. 3 rangs   —   119

154 581

$357 \times 66.$ Par   100   357 ..
Moins   1   357

35 343
$^1/_2$ 17 781

Reste   23 562

Ou bien :   Par   10   357 .
Moitié   5   1 785
Reculer le dernier   17 85 .
Avanc. le premier   357

23 562

$357 \times 1248.$ J'écris   357
Double avancé   71 4
Double avancé   14 28
Double avancé   2 856

445 536

$357 \times 25.$ Par   100   357 ..
$^1/_4$ 8 925

$357 \times 125.$ Par   100   357 .
$^1/_4$ 8 925

44 625

$357 \times 24.$ Par   100   357 ..
$^1/_4$ 8 925
Moins   1   357

8 568

	Ou bien doubler 357, ci	7 14
	Doubler et avanc.	1 428
		8 568
357 × 27.	Tripler, ci	10 71
	Avancer	1 071
	Reste	9 639
357 × 33.	Tripler	10 71
	Avancer	1 071
	Total	11 781
357 × 28.	Tripler	10 71 .
	Doubler	714
	Reste	9 996
357 × 32.	Tripler	10 71 .
	Doubler	714
	Total	11 424
357 × 29.	Tripler	10 71 .
		357
	Reste	10 353
357 × 31.	Tripler	10 71 .
		357
	Total	11 067
357 × 75.		35 7..
	Moitié	17 85 .
	Moitié	8 925
		26 775
375 × 76.		375
	Moitié reculée 2 rangs	18 75 .
	Moitié	9 375
		28 500
Ou bien :		37 5..
	Doubler et avancer —	7 50 .
	Doubler et avancer —	1 500
		28 500

$357 \times 89.$

$$
\begin{array}{r}
35\,7.. \\
3\,57. \\
357 \\
\hline
31\,773
\end{array}
$$

$125\,842 \times 9\,932.$ Par $10\,000$ $\quad 1\,258\,42.\,...$

$$
\begin{array}{rr}
— \quad 2 — & 0\,251\,684 \\
— \quad 6 — & 0\,755\,052 \\
— \quad 6. — & 7\,550\,52\,. \\
\hline
& 1\,249\,862\,744
\end{array}
$$

Ou bien $9\,932$ Par $\qquad 100\,000 \qquad 993\,2.....$

$$
\begin{array}{lr}
^1/_4 & 248\,3..... \\
\text{Double} & 19\,864 \\
\text{Double reculé} & 397\,28. \\
\text{Double reculé} & 7\,945\,6.. \\
\hline
& 1\,249\,862\,744
\end{array}
$$

Cette dernière opération, si simple, qui consiste à prendre une fois le quart, et à doubler trois fois, tient lieu d'une longue multiplication qui devrait être faite sur 24 chiffres.

Pour la preuve, on fait la somme des chiffres du multiplicateur, elle est 22 qui le réduisent à 4 ; on la multiplie par la somme des chiffres du multiplicande, qui est 23, ou 5 ; le produit 20 ou 2 doit être égal à la somme des chiffres du produit : en effet 1 249 862 744 forment 47 qui se réduisent à 11 et enfin à 2.

Article 3.

CALCUL MENTAL.

On devra d'abord s'exercer à faire de tête la multiplication par 2, par 3, par 4, etc., de tous les nombres jusqu'à 100, et répéter cet exercice jusqu'à ce qu'on le fasse sans hésitation.

Quand le multiplicande a deux chiffres, et le multiplicateur un, on commence par celui des dizaines et on ajoute au produit qu'il a donné les dizaines provenant de la multiplication de l'autre chiffre.

23 à multiplier par 8, se calcule ainsi : 8 fois 2, 16 ; 8 fois 3, 24 ; 16 et 2, 18 dizaines, avec le 4, cela fait 184.

234 à multiplier par 9, 9 fois 2, 18, 9 fois 3, 27 ; 18 et 2, 20 avec le 7, 207 ; 9 fois 4, 36, 207 et 3, 210, avec le 6, cela fait 2106.

2345 à multiplier par 11 : 11 fois 2, 22 ; 11 fois 3, 33, 22 et 3, 25, 253 ; 11 fois 4, 44, 253 et 4, 257, 2574 ; 11 fois 5, 55, 2574 et 5, 2579, 25 795.

On voit que, par ce moyen, toutes les fois qu'il n'y a qu'un chiffre au multiplicateur, l'opération est facile.

Ces exercices terminés, on passera à des multiplicateurs de deux chiffres.

23 à multiplier par 23 : 2 fois 23, 46 ; 3 fois 23, 69 ; 46 et 6, 52, 529.

234 × 34 : 2 fois 34, 68 ; 3 fois 34, 102, 68 et 10, 78, 782 ; 4 fois 34, 136, 782 et 13, 795, produit 7956.

456 × 87 : 4 fois 87, 348 ; 5 fois 87, 435, 348 et 43, 391, 3915 ; 6 fois 87, 522, 3915 et 52, 3967, produit 39 672.

On applique aussi au calcul mental quelques-uns des moyens de multiplication développés dans l'article précédent ; ainsi toutes les fois qu'un des deux facteurs approche d'un nombr. rond de dizaines, on calcule par ces dizaines, comme si elles étaient le multiplicateur véritable, et on retranche ou on ajoute pour trouver le résultat définitif.

234 à multiplier par 9 : 234 avec zéro, 2340, moins 234, reste 2106. Il est bien entendu que, pour cette soustraction, on use des moyens de faciiité indiqués au chapitre 4, article 4.

234 par 19 : par 2, cela fait 468, par 20, 4680, moins 334, 4446.

234 par 51 : moitié, 117, avec 2 chiffres de plus 11 700, plus 234, 11 934.

Pour multiplier par 3, au lieu de tripler, il vaut mieux doubler, et ajouter ensuite le nombre à son double.

234×3 : 234 et 234, 468, et encore 234, 702.

Par 4, il faut doubler deux fois : 234 et 234, 468 ; 468 et 468, 936.

Par 6, on cherche d'abord le triple, comme ci-dessus, et on le double ensuite.

Par 12, après avoir triplé, on double deux fois.

Par 24, on double une fois de plus que pour douze.

La multiplication par 8, par 16, par 32, par 64, etc., se fait en doublant successivement le multiplicande ; on peut, pour éviter de se tromper, compter sur ses doigts le nombre de fois que l'on doit doubler. C'est un moyen infaillible quand on s'est habitué à ce genre de calcul.

Pour trouver le produit de 123 par 17, on double 123 quatre fois, et on ajoute 123 au dernier double.

123 par 44 se calcule ainsi : 123 et 123, 246 ; 246 et 246, 492 ; avec un zéro, 4 920, en ajoutant 492, on trouve 5 412.

Dans quelques circonstances, on s'aide par des multiples qui approchent d'un nombre rond; s'il s'agissait de multiplier 153 par 7, après avoir remarqué que 1001 est le produit de 143 × 7, on n'aura qu'à ajouter 7 × 10 ou 70 et l'opération sera ainsi faite très facilement.

Pour multiplier 128 par 7 on se dirait : $14 \times 7 = 98$, donc $28 \times 7 = 196$, et $128 \times 7 = 700 + 196 = 896$.

On verra tout de suite que pour les facteurs 29 et 7 le produit est $196 + 7 = 203$.

TABLEAU DE QUELQUES PRODUITS REMARQUABLES.

$3 \times 33 =$	99		
$5 \times 18 =$	90	108 a pour facteurs.	
$6 \times 17 =$	102	2×54	
$7 \times 43 =$	301	3×36	
$8 \times 125 =$	1 000	4×27	
$9 \times 11 =$	99	6×18	
$9 \times 111 =$	999	9×12	
$11 \times 909 =$	9 999		
$13 \times 23 =$	299		
$13 \times 46 =$	598	1 001 a pour facteurs.	
$13 \times 54 =$	702	7×143	
$14 \times 715 =$	10 010	11×91	
$15 \times 67 =$	1 005	13×77	
$16 \times 25 =$	400		
$17 \times 47 =$	799		
$17 \times 53 =$	901	1 008 est surtout remarquable	
$17 \times 353 =$	6 001	en ce qu'il a 28 facteurs.	
$18 \times 39 =$	702	2×504	
$19 \times 21 =$	399	3×336	
$22 \times 41 =$	902	4×252	
$22 \times 91 =$	2 002	6×168	
$23 \times 87 =$	2 001	7×144	
$29 \times 31 =$	899	8×126	

29	×	69	=	2 001	9 × 112	
31	×	129	=	3 999	12 × 84	
37	×	3	=	111	14 × 72	
37	×	6	=	223	16 × 63	
37	×	9	=	333	18 × 56	
37	×	12	=	444	21 × 48	
37	×	15	=	555	24 × 42	
37	×	18	=	666	28 × 36	
37	×	21	=	777		
37	×	24	=	888		
37	×	27	=	999		
74	×	3	=	222		
74	×	6	=	444		
148	×	6	=	888		

S'il fallait multiplier 333 par 37, on n'aurait qu'à additionner 11 100, et 1 100, et 111, total 12 321, puisque, d'après le tableau qui précède, 3 fois 37 font 111. Pour 345, il faudrait totaliser 11 100 avec 1 100, 370, 111 et 74, ou bien ajouter au produit de 333 par 37, celui de 12 par 37, qui est 444.

On comprendra, par ces exemples, tout le parti que pourrait tirer de ce tableau celui qui se le rappellerait.

En effet, il contient 64 facteurs dont on peut se servir aussi facilement que de 37 ; mais son utilité va plus loin, car, encore bien qu'on n'y trouve pas les facteurs 66 et 68, puisque 67 existe, on se sert de ce dernier au lieu de 66 ou de 68, et l'on fait ensuite la correction nécessaire.

Par exemple, on me demande le produit de 68 par 57 ; je sais que 15 fois 67 font 1 005, que par conséquent, 60 fois 67 font 4 020, de ce nombre je déduis 3 fois 67, qui font 201, il me reste 3 819, or, puisque

57 fois 67 font 3 819, 57 fois 68 font 3 819 plus 57 ou 3 876.

S'il s'était agi de multiplier 66 par 57, j'aurais retranché 57 de 3 819.

Un produit est toujours égal au carré de la demi-somme, moins le carré de la demi-différence des facteurs.

$$25 \times 15 = (20 \times 20) - 5 \times 5 = \quad 375$$
$$63 \times 57 = (60 \times 60) - 3 \times 3 = 3\,591$$

Ce procédé est surtout avantageux quand il n'y a pas beaucoup de différence entre les facteurs.

D'autres applications du même principe sont données au chapitre 7, article 1er.

Enfin on peut trouver un produit en cherchant séparément les unités et les dizaines.

Pour avoir les unités, il faut multiplier ensemble les différences des deux facteurs avec le nombre rond supérieur le plus voisin.

Et, pour avoir les dizaines, retrancher de chaque facteur les mêmes différences, et multiplier le total des deux restes par la moitié des dizaines du nombre rond dont on s'est servi :

$$8 \times 7$$

Les différences de ces nombres avec 10 sont 2 et 3, 2 fois 3 font 6, ce chiffre est celui des unités du produit.

2 et 3 retranchés de 8 et de 7 donnent pour restes 6 et 4, dont la somme 10, multipliée par un demi, donne 5 pour chiffre des dizaines : le produit est donc 56.

$$18 \times 17 = 2 \times 3 + 16 \text{ dizaines et } 14 \text{ dizaines, qui font}$$
30 dizaines. Par conséquent le produit est 306.

$27 \times 28 = 3 \times 2$ ou 6 pour les unités, ci . . . 6
        1 fois $\frac{1}{2}$ 24 + 26, pour les dizaines, ci 75 .
                                756

$34 \times 36 = 6 \times 4$ unités   24
        2 fois 28 + 32 dizaines   1 20 .
                             1 224

$34 \times 35 = 9 \times 5$ 45
        2 fois 22 + 30   1 04 .
                             1 085

$37 \times 47 = 13 \times 3$ 39
        2 fois $\frac{1}{2}$ 24 + 44   1 70 .
                           1 739

En effet, si l'on représente par a et b les deux facteurs, et par c le nombre de dizaines pris pour auxiliaire, on a, en effectuant les calculs $c^2 - ac - bc + ab + ac - c^2 + bc = ab$.

Pour appliquer le même mode de calcul à des facteurs qui présentent des différences plus fortes, on prend deux nombres auxiliaires de dizaines, et on multiplie chaque facteur, diminué des unités, par la moitié des dizaines dont on s'est servi pour l'autre facteur.

$18 \times 53 = \ 2 \times 7$ 14
         16 $\times$ 3   48 .
         46 $\times$ 1   46 .
                       954

$324 \times 56 = \ \ 6 \times \ 4$ 24
        318 $\times$ 3   9 54 .
         52 $\times$ 16,5   8 58 .
                     18 144

En résumant le contenu de ce chapitre, on reconnaît qu'il renferme sept moyens différents de trouver des produits.

1° La multiplication ordinaire.

2° Le partage du multiplicateur dans ses parties aliquotes.

3° La substitution d'un nombre rond à un facteur qui ne l'est pas, sauf correction ultérieure.

4° L'emploi de produits partiels, connus à l'avance (ceux de la page 42).

5° Le remplacement de la multiplication par une division.

6° Le carré de la demi somme, des facteurs, dont on déduit le carré de la demi différence.

7° Le calcul séparé des unités et des dizaines,

Cette variété de méthodes procure de grandes facilités, parce que si l'une ne convient pas à tel problème, une autre s'y applique avec avantage.

CHAPITRE VI.

DIVISION.

—

Article 1ᵉʳ.

MÉTHODE GÉNÉRALE.

On a pour but, en faisant la division, de trouver combien de fois un nombre, appelé *diviseur*, est contenu dans un autre, nommé *dividende*. Le résultat prend le nom de *quotient*.

Pour indiquer que deux nombres doivent être divisés l'un par l'autre, on écrit le diviseur au-dessous du dividende, avec un trait horizontal entre deux. Ainsi on fait connaître que 17 doit être divisé par 9 en mettant $\frac{17}{9}$. Dans ce cas la division porte le nom de *fraction*, le dividende s'appelle *numérateur* et le diviseur *dénominateur*.

La division s'annonce aussi par deux points entre le dividende et le diviseur. *Ex.* : 17 : 9. Alors elle est nommée *rapport*.

Quand le diviseur n'est que d'un chiffre, la méthode générale consiste, pour diviser par 2, à prendre la moitié du dividende ; pour diviser par 3, à en prendre le tiers ; par 4, le quart ; par 5, le cinquième ; par 6, le sixième ; par 7, le septième ; par 8, le huitième ; et par 9, le neuvième.

Ex. : Diviser 4567 par 3. Le tiers de 4 est d'un, j'écris 1 sous le 4, ou ailleurs, et il reste 1, qui forme 15 avec le 5 qui vient après le 4 ; le tiers de 15 est de 5, que j'écris à côté de l'un ; le tiers de 6 est de 2, je pose ce 2 ; le tiers de 7 est aussi de 2, j'écris ce 2 et il reste 1.

CARATÈRES DE DIVISIBILITÉ.

Il y a des moyens de savoir quand un nombre est divisible exactement par 2, par 3, par 4, etc. On fera bien de les apprendré, pour les appliquer en cas de besoin.

CARACTÈRES PARTICULIERS.

Par 2, les nombres pairs.
Par 3, quand le total des chiffres, additionnés ensem-

ble, est aussi divisible par 3. *Ex.* : 247 943 est-il divisible par 3 ?

Pour le savoir, j'additionne $2 + 4 + 7 + 9 + 4 + 3 = 29$; on ne peut pas prendre le tiers de 29 sans reste, donc 247 943 n'est pas non plus divisible par 3. On a d'ailleurs la faculté de faire, sur 29, le même essai, en disant 2 et 9, 11 ; et sur 11 aussi, un et un font 2 ; or 2 ne peut se diviser par 3.

Pour simplifier, on se dispense de compter les 3, les 6 et les 9. Ainsi dans l'exemple ci-dessus, on dira $2 + 4 + 7 + 4 = 17$; ensuite $1 + 7 = 8$. Puisque 8 n'est pas divisible par 3, 247 943 ne l'est pas non plus.

Par 4, quand les deux derniers chiffres sont divisibles par 4, le nombre entier l'est aussi. Dans 320, par exemple, il y a 20 qui est divisible par 4, donc 320 est aussi un multiple de 4.

Les nombres divisibles par 4 sont d'ailleurs divisibles deux fois par 2.

De même, tout nombre qui n'est pas premier a des diviseurs qu'on peut lui substituer, comme 2 et 3, pour 6 ; 2 et 4, pour 8 ; etc.

On ne mettra plus, par conséquent, dans ce tableau, que des nombres premiers.

Par 5, les nombres terminés par un 5 ou par un 0.

Par 7, quand le nombre n'a pas quatre chiffres, on multiplie les dizaines par 3, les centaines par 2, et on ajoute le tout aux unités. Si le total est 7 ou un multiple de 7, le nombre est divisible, autrement il ne l'est pas. *Ex.* : 524 est-il divisible par 7? Je dis : 2 fois 5 font 10, 3 fois 2 font 6, $10 + 6 + 4 = 20$ qui n'est pas divisible par 7, donc 524 n'est pas non plus divisible par 7.

Si le nombre a plus de trois chiffres, on le réduit à trois. Pour cela, on sépare les trois derniers chiffres, et on retranche la portion la plus faible de l'autre. On continue ainsi jusqu'à ce qu'il reste moins de 4 chiffres. *Ex.* : Peut-on diviser par 7 le nombre 12 345 678?

De	12 345
Je retranche	678
Il reste	11 667
De	667
Je retranche	11
J'ai	656

Pour ce reste, j'opère comme ci-dessus en disant . $(6 \times 2) + (5 \times 3) + 6 = 33$; $(3 \times 3) + 3 = 12$, qui n'est pas divisible par 7 ; j'en conclus que 12 345 678 ne l'est pas non plus.

La remarque faite pour le diviseur 3, savoir, que le chiffre 3 peut être éliminé avant l'essai, s'applique à tous les diviseurs ; ainsi dans le nombre 12 345 678, on peut se dispenser d'appliquer le calcul au 7 en le remplaçant par un zéro, de cette manière on fait l'essai sur 12 345 608, qui donne d'abord $12 345 — 608 = 11 737$; puis sur 11 030, qui se réduit à $30 — 11 = 19$.

D'après cela, on voit tout de suite que 775 n'est pas divisible par 7, puisqu'en substituant des zéros, il ne reste que 5. On s'apercevrait aussi que dans 143, les deux chiffres $14 = 2$ fois 7, et qu'il y a 3 de trop pour que le nombre soit divisible.

De même 111 111, 222 222, 46 046 sont divisibles par 7, puisqu'ils contiennent autant de mille que d'unités.

Cette dernière observation s'applique aussi aux diviseurs 11, 13, 77, 91 et 143.

Par 11, nombre dont la somme des chiffres de rangs pairs égale la somme des chiffres de rangs impairs. 3456 n'est pas divisible par 11, parce que les chiffres des rangs pairs $5 + 3 <$ les chiffres de rangs impairs $6 + 4$. Au contraire 4356 est divisible attendu que $6 + 3 = 5 + 4$.

Par 13, il faut, comme pour 7, commencer par réduire le nombre à trois chiffres, s'il en a davantage, puis multiplier les dizaines par 3 et retrancher du produit les unités. *Ex.* : 10049, de 49 je retranche 10, il reste 39 qui est le triple de 13, donc le nombre est divisible.

Par 17. Doubler les centaines comme unités simples, ajouter ce double aux centaines, et retrancher le $<$ nombre de l'autre. S'il reste 17 ou un de ses multiples, la division est possible. *Ex.* : 5696. Je double 56, ce qui fait 112, j'additionne avec 5600, j'ai 5712, j'en retranche 5696, il reste 16, donc 5696 n'est pas divisible par 17.

Par 19. Ajouter aux unités la moitié des dizaines. *Ex.* : 152. La moitié de 15 est de 7, il reste 12 ; 7 et 12 font 19 ; donc 152 est divisible par 19.

CARACTÈRES GÉNÉRAUX.

On pourrait trouver des moyens analogues pour

l'essai des diviseurs, nombres premiers, plus forts que 19; mais il serait quelquefois difficile de se les rappeler. Au surplus, VOICI UNE MÉTHODE GÉNÉRALE dont on sera toujours à même de faire l'application quand on le jugera à propos ; elle consiste à retrancher l'un de l'autre, successivement et autant de fois qu'on le pourra le nombre proposé, ou le diviseur à essayer, ainsi que ses multiples, jusqu'à ce que le reste soit moindre que le diviseur. Si ce reste est 0, le nombre est divisible ; autrement il ne l'est pas.

Par 23. Premier exemple, 475.

De	475
Je retranche	23
Reste	245
Je retranche	23
Reste	15

D'où je conclus que 475 n'est pas divisible par 23.

Si le nombre avait plus de 3 chiffres, on le réduirait à cette quantité en en retranchant les mille (en nombre pair) plus un nombre d'unités égal à la moitié de ces mille. *Ex.* : 469 220 : j'en déduis 468 234 ; il reste 986 qui n'a plus que 3 chiffres.

Par 29. Deuxième exemple, 28 571 : il se réduit à 3 chiffres comme pour 23.

De	28 571
Je retranche	28 .14
Il reste	557
Je le déduis de	58 .
Reste	23

Donc la divisibilité n'existe pas.

Par 31. Troisième exemple, 651.

De	651
Je déduis 2 fois 31	62
Reste	31

De 31 si j'ôte 31, il ne reste rien, donc 651 est divisible par 31. On réduit le nombre à 2 chiffres en multipliant les centaines par 7 et ajoutant le produit, comme unités, aux deux premiers chiffres.

Par 37. Quatrième exemple, 3341.

De	37..
Je retranche	3341
Reste	359
Je le déduis de	37.
Reste	11

La divisibilité n'a pas lieu.

On peut d'abord réduire le nombre à 3 chiffres, en ajoutant les mille, comme unités, aux trois premiers chiffres : ainsi 3341 donne 341+ 3 = 334. En retranchant ce dernier de 370, il reste 26.

446 897 devient 897+446=1343, et 343 + 1 = 344, etc.

Il serait inutile de pousser plus loin ces recherches, toutefois je ne puis résister au désir d'indiquer un moyen élégant et facile à se rappeler, pour ce diviseur : il consiste à retrancher du nombre proposé autant de series de trois chiffres égaux qu'on le pourra, et *vice versâ*.

Ainsi de	3 341
Je déduis	333
Reste	11

Pour essayer 446 897, j'en retranche d'abord 444...,

ce qui donne un reste de 2897 dont je déduis 222. Il vient 677 qui, réduit de 666 laisse en dernier lieu 11 , d'où il résulte que la divisibilité n'existe pas.

Si le diviseur est formé du chiffre 1 suivi d'un ou de plusieurs zéros, la division se trouve faite en mettant au dividende une virgule décimale, autant de rangs de droite à gauche qu'il y a de zéros au diviseur.

Pour diviser 25 par 10 on met, par conséquent, une virgule décimale entre le 5 et le 2, ce qui donne pour quotient 2,5 (deux entiers cinq dixièmes).

$$
\begin{aligned}
\text{On trouve de même que } 145 \quad &: 100 = 1,45 \\
173,4 \quad &: 100 = 1,734 \\
42 \quad\;\; &: 100 = 0,42 \\
1 \quad\;\;\;\; &: 1000 = 0,001
\end{aligned}
$$

Lorsque le diviseur est de plusieurs chiffres, on le place à droite du dividende, et on opère comme il suit.

Diviser 4417 par 59.

$$
\begin{array}{c|c}
4417 & 59 \\
287 & \overline{} \\
51 & 74
\end{array}
$$

Après avoir écrit à côté l'un de l'autre le dividende d'abord, et le diviseur ensuite, on dit : En 44 combien de fois 5, il y a 8, mais avant de poser ce 8, il faut savoir s'il n'est pas trop fort, en essayant par la gauche ; 8 fois 5 font 40, de 44 reste 4, ce qui fait 41 avec le chiffre suivant ; 8 fois 9 font 72 qu'on ne peut retrancher de 41, donc 8 est trop fort, il faut essayer 7 ; 7 fois 5 font 35, de 44 reste 9, qui fait 91 avec le troisième chiffre ; 7 fois 9 font 63 qui se retranche très bien de 91, donc 7 va, on le pose au quotient et on opère. 7 fois 9 font 63, de 71 reste 8 qu'on écrit sous 1 et on retient 7; 7 fois 5 font 35 et 7 de retenue font 42, de 44 reste 2 qu'on écrit, ce qui fait 28 de reste, on met à côté le 7 qui est plus haut et on dit : en 28 combien de fois 5, il y a 5 qu'il faut essayer ; 5 fois 5 font 25, de 28 reste 3 qui fait 37, 5 fois 9 font 45 qu'on ne peut déduire de 37, donc 5 est trop fort, il faut essayer 4 ; 4 fois 5 font 20, de 28 reste 8 qui fait 87 ; 4 fois 9 font 36 qui peut se retrancher de 47, donc 4 va, on le met au quotient à côté du 7, et on continue ainsi la division : 4 fois 9 font 36, de 37 reste 1, on pose 1 sous le 7 et on retient 4 ; 4 fois 5 font 20, et 3 de retenue font 23, de 28 reste 5 qu'on écrit. L'opération est terminée ; le quotient est 74.

Cette division est générale; mais elle est embarrassante, compliquée et souvent difficile. Au contraire les méthodes perfectionnées qui sont développées dans l'article suivant simplifient considérablement les calculs, elles enlèvent toute difficulté et réduisent quelquefois à une simple addition, ou à une soustraction, des problèmes qu'on ne résolvait auparavant qu'au moyen de calculs longs et arides.

Article 2.

MÉTHODES PERFECTIONNÉES DE DIVISION.

Il a été dit, au commencement de ce chapitre, que la division sert à trouver combien de fois le diviseur est contenu dans le dividende.

En se pénétrant bien de cette définition, on se mettra

à même de comprendre facilement tous les calculs qui suivent.

On a vu, par la multiplication, que les facteurs les plus avantageux sont, après les nombres ronds 10, 100, 1000, etc., ceux qui s'en approchent le plus ; il en est de même pour la division. C'est tout le contraire de ce qui a lieu dans la méthode générale où les multiplications et les divisions sur des chiffres forts sont les plus difficiles

Ainsi de même que la multiplication par 999 se réduit à une simple soustraction, la division par le même nombre se fait, pour ainsi dire, sans calcul.

Ex. : On propose de diviser 248 651 par 999.

J'écris le dividende et je me dis : dans 248 651 il y a 248 fois mille plus 651, or, s'il y a 248 fois 1000, il y a aussi 248 fois 999 plus 248 fois 1, ou 248 unités ; donc il y a en tout 248 fois 999 + 651 + 248, c'est-à-dire 248 fois 999 + 899. La division est terminée.

Voici comment s'écrit l'opération.

$$248\,651\ :\ 999$$

En divisant par 1000, j'ai   248,651

par 999, c'est   248,651 + 248 = 899.

Au lieu de cette opération dans laquelle il n'y a qu'une seule addition de 3 chiffres, il aurait fallu, par la méthode ordinaire, multiplier 3 fois les 3 chiffres du diviseur par chacun de ceux du quotient, effectuer autant de soustractions et avoir de plus l'embarras de chercher successivement les chiffres du quotient, ce qui est fort ennuyeux. Toutes ces difficultés sont anéanties.

Je vais examiner quelques-uns des diviseurs sur

lesquels on peut opérer au moyen des compléments.

Pour diviser par 9, au lieu de prendre le neuvième il sera plus commode de faire des approximations par 10 et de compléter. *Ex.* :

Diviser 253 par 9. Opération.

$$25, 3 + 25 = 28$$
$$2, 8 + 2 = 10$$
$$1, + 1$$
$$\overline{28}$$

En divisant par 10 on a 25, 3 ; il faut y ajouter 25, puisque ce n'est pas par 10 qu'on doit diviser, mais par 9 ; or 25 et 3 font 28 ; on a donc pour première approximation, 25 fois 9 plus 28. Ces 28 divisés à leur tour par 10, donnent 2,8 qu'on écrit sous le premier nombre trouvé ; à ces 2,8 il faut ajouter 2, puisqu'au lieu de 2 fois 10 c'est 2 fois 9 qu'on doit prendre. Cela fait 2,8 + 2 ou 2,10. Ces 10, divisés par 10, donnent 1 qu'on place sous les autres et à quoi, pour la division par 9, il faut ajouter 1, ce qui fait 1 + 1. En totalisant les quotients approximatifs on trouve 28.1, c'est-à-dire que 9 est contenu 28 fois dans 253 et qu'il reste 1.

S'il s'agissait de diviser 253 par 11, voici comment on s'y prendrait :

Par 10, on a   25,3

C'est-à-dire 25 fois 10 plus 3 ; mais 25 fois 11 exigeraient 25 de plus, donc le quotient 25 fois 11 plus 3 contient 25 de trop, et qu'il faut retrancher, ce qui fait   25,3 — 25 = — 22

Ces — 22, divisés par 10, donnent   — 2,2

A quoi il faut ajouter 2, puisqu'au lieu de 2 fois 10, c'est 2 fois 11 qu'on doit prendre, on a donc   — 2,2 + 2 = 0

Les chiffres sont en définitive $\qquad 25,3 - 25 = -22$
Et $\qquad\qquad\qquad\qquad\qquad - \underline{\quad 2,2 + 2 = 0}$
La soustraction faite, il vient $\qquad 23,$

C'est le quotient.

Il y aussi avantage, pour la division par 8, à faire les approximations par 10.

Ex. : 253 : 8

$$\begin{array}{l}\text{Par 10, on a} \quad 25,3 + 50 = 53 \\ \text{Puis} \qquad\qquad\quad 5,3 + 10 = 13 \\ \text{Et} \qquad\qquad\quad \underline{1,3 + 2 = 5} \\ \qquad\qquad\qquad\quad 34 \end{array}$$

Puisqu'il y a 25 fois 10, il y a 25 fois 8 plus 25 fois 2, or, 25 fois 2 font 50, qu'il faut ajouter. Avec les 3 de reste primitifs, cela fait 53.

53 par 10 donnent 5,3, il y a lieu d'ajouter 10 parce que 5 fois 2 font 10, ce qui fait 13.

13 par 10 font 1,3, et par 8, 1,3 + 2.

Donc le quotient est 31 et il reste 5.

253 divisés par 12 donneront :

$$\begin{array}{l} 25,3 - 50 = -47 \\ -\ \underline{4,7 + 8 = 1} \\ \quad 21 \end{array}$$

De la première approximation 25,3, il faut déduire 2 fois 25, ou 50, puisque ce n'est pas par 10, mais par 12 qu'on doit diviser : il reste — 47.

La seconde approximation négative — 4,7 exige, par la même raison, qu'on ajoute 2 fois 4 ou 8.

Le quotient cherché est 21, et il reste 1.

Pour 253 divisés par 7 on trouvera :

$$\begin{array}{l} 25,3 + (25 \times 3 = 75) = 78 \\ 7,8 + (\ 7 \times 3 = 21) = 29 \\ 2,9 + (\ 2 \times 3 =\ \ 6) = 15 \\ 1,5 + (\ 1 \times 3 =\ \ 3) =\ \ 8 \\ \underline{1,1} \\ 36,1 \end{array}$$

Au premier résultat 25,3, il a fallu ajouter 3 fois 25, parce que ce n'est pas 25 fois 10 qu'on cherche, mais 25 fois 7, et puisque 10 excède 7 de 3, il y a autant de fois 3 de trop que de fois 25 en tout. Le même raisonnement s'applique aux nombres 21,6 et 3 ajoutés aux résultats qui viennent après.

Pour diviser 253 par 13, on a :

$$25,3 - (3 \times 25 = -)\ 75 = -72$$
$$-\ 7,2 + (3 \times \ 7 =)\ 21 = 19$$
$$+\ 1,9 - 3 = 6$$
$$19$$

Le résultat est 19, reste 6, et on voit que, quand le diviseur véritable est plus fort que le diviseur auxiliaire, les quotients partiels sont alternativement positifs et négatifs

Pour faire voir que la méthode s'applique à tous les nombres, je vais encore diviser 253 par 6 et par 14.

$$\text{Par 6, j'ai}\quad 25,3 + (4 \text{ fois } 25)\ 100 = 103$$
$$10,3 + (4 \text{ fois } 10)\ \ 40 = \ 43$$
$$4,3 + (4 \text{ fois } \ 4)\ \ 16 = \ 19$$
$$1,9 + (4 \text{ fois } \ 1)\ \ \ 4 = \ 13$$
$$1,3 + (4 \text{ fois } \ 1)\ \ \ 4 = \ \ 7$$
$$1,1$$
$$42 \text{ reste } 1.$$

$$\text{Par 14, on trouve}\quad 25,3 - (4 \text{ fois } 25)\ 100 = -97$$
$$-\ 9,7 + (4 \text{ fois } \ 9)\ \ 36 = 29$$
$$+\ 2,9 - (4 \text{ fois } \ 2)\ \ \ 8 = \ 1$$
$$18 \text{ reste } 1.$$

Dans la pratique on se dispense d'écrire les chiffres de rappel (4 fois 25), (4 fois 9), ce qui simplifie encore l'opération.

Cette dernière se réduit, par conséquent, à

$$25,3 - 100 = - 97$$
$$- \ 9,7 + \ 36 = 29$$
$$+ \ 2,9 - \ \ 8 = \ 1$$
$$\overline{}$$
$$18$$

Les parties aliquotes, si utiles pour simplifier la multiplication, trouvent aussi leur application dans la division.

Ex. : 1 512 à diviser par 33.

Je divise par 100, pour revenir à 99, j'ai

$$15,12 + 15 = 27$$

Et comme le quotient de 33 doit être trois fois plus fort que celui de 99, je triple 15, ce qui fait 45 ; j'ai par conséquent 45 + 27.

Le quotient de 1 512 par 66 serait $22 + 33 + 27 = 22 + 60$.

Diviser 2 755 par 73.

Par	100, j'ai	27,55
Par	50	54,55
Par	25	108,55
Par	75	36,55
Par	73	$36,55 + (2 \times 36) \, 72 = 127$
	ou	$37 + 54$

De même, pour avoir le quotient de 1 532 par 50, il suffit de prendre le centième de ce dividende et de le doubler, parce que 50 est contenu 2 fois dans 100.

$$\text{On a} \quad 15,32$$
$$\text{Double} \quad 30,32$$

Pour la division par 25 on quadruplerait.

$$1\ 532 \text{ par } 100 \quad 15,32$$
$$4 \text{ fois} \quad 60,32$$
$$\text{Ces 32 font} \quad 1,7$$
$$\overline{}$$
$$61,7$$

Si l'on voulait avoir le reste en décimales, il faudrait quadrupler la totalité du quotient par 100.

$$1\,532 \text{ par } 100 \qquad 15,32$$
$$\text{Quadruple} \quad 61,28$$

Pour trouver le quotient de 1 534 par 63, on peut diviser par 70, pour revenir à 63, ainsi :

$$\text{Par } 10 \qquad\qquad 153,4$$
$$\text{Par } 7 \qquad\qquad 21,64 + 147 = 211$$
$$211 \text{ par } 70 \qquad\quad 3,1 + 21 = 22$$
$$\text{Quotient} \qquad 24$$

Quand un diviseur est incommode, on peut le ramener à un autre plus avantageux, en le multipliant ou en le divisant, ainsi que le dividende, par un même nombre, ce qui ne change rien au quotient.

Ainsi, pour la division de 1 534 par 63, on aurait, en triplant ces deux nombres, 4 602 et 189 sur lesquels on opérerait ainsi :

$$4\,602 \text{ par } 200 \text{ donne} \quad 23,2 \;+ 253 = 255$$
$$1,55 + 11 = 66$$
$$24$$

Le diviseur 163 serait favorablement remplacé par son sextuple : on aurait donc au lieu de :

$$1\,534 : 63, \qquad 9\,204 : 978$$
$$\text{Par } 1\,000 \quad 9,204 + 198 = 402$$

Voici d'autres exemples.

Diviser 5 431 par 164.

Je prends le quart de chaque nombre, et j'ai

$$1\,357,75 : 41 \text{ ou } 135\,775 : 4\,100$$

En divisant par 4 000, 33, 3 775 — 3 300 = 475
Quotient $33 + \dfrac{475}{4100}$.

Diviser 5 431 par 165.

$$\text{Je double} \quad 10\,862 : 330$$
$$\text{Je triple} \quad 32\,586 : 990$$

La division par 1 000, complément 10, donne
$32,586 + 320 = 906$.

Quotient $32 + \dfrac{906}{990}$

Diviser 5 431 par 166.

$$\text{Double } 10\,862 : 332.$$

Par 1 000 et 999	$10,862 + 10 = 872$
Par	333	$30,872$ ou $32,206$
Par	332	$32,206 + 32 = 238$

Quotient 32, reste 238

Pour diviser 100 000 par 111, le moyen le plus simple consiste à nonupler les 2 termes :

$$900\,000 : 999$$

En divisant par 1 000 avec le complément 1, on trouve :

$$900 + 900$$

En divisant par 100, avec le complément 11, on aurait

$$1\,000 - 11\,000$$
$$-\quad 110 + 1\,210$$
$$+\quad 12 + \quad 10 - 132 = -122$$
$$-\quad 1 - \quad 22 + 11 = -11$$
$$\overline{\quad\quad\quad\quad\quad\quad\quad}$$
$$901 - 11$$
$$\text{ou}\quad 900 + 111 - 11 = 900 + 100$$

La division par 200, avec le complément 89, serait beaucoup plus longue.

$$500 \quad + 11\,500$$
$$222,100 + 19\,758 = 19\,858$$
$$99,58 + 8\,811 = 8\,869$$
$$44,69 + 3\,916 = 3\,985$$
$$19,185 + 1\,691 = 1\,876$$
$$9,76 + 801 = 877$$
$$4,77 + 356 = 433$$
$$2,33 + 178 = 211$$
$$1,11 + 89 = 100$$
$$\overline{900}$$

Ce qui fait voir qu'on doit préférer les compléments faibles aux forts.

Diviser 100 000 par 189.

Par 200, complément 11

$$500 + 5\,500$$
$$27 + 100 + 297 = 397$$
$$1 + 197 + 11 = 208$$
$$1 + 8 + 11 = 19$$
$$\overline{529}$$

Diviser 46 752 par 95.

Par 100, complément 5

$$467,52 + 2\,335 = 2\,387$$
$$23,87 + 115 = 202$$
$$2,2 + 10 = 12$$
$$\overline{492}$$

Quel que soit le diviseur, on peut toujours simplifier les calculs, en opérant sur le nombre rond le plus voisin, tel que 80 pour 76, 100, pour 125, 200 pour 165, 187, 700 pour 727, 800 pour 792.

Diviser 55 555 par 727.

Je prends 700, complément 27.

$$79,255 - 2\,133 = -1\,878$$
$$-2,478 + 54 = -424$$
$$\overline{77 - 424}$$
$$= 76 + 727 - 424 = 76 + 303$$

Diviser 555 555 par 5 234.

Je prends 5 000, complément 234.

$$111,555 - 25\,974 = -25\,419$$
$$-\ \ \underline{5,419 + 1\,170 = 751}$$
$$106$$

Pour diviser 466 096 par 7 552, en prenant 8 000, avec le complément 448, on a

$$58,2\,096 + 23\,200 + 2\,320 + 464 = 28\,080$$
$$\underline{3,4\,080 + 1\,344 = 5\,424}$$
$$61$$

Après avoir trouvé 58,2096, au lieu de multiplier 58 par 448, je l'ai multiplié successivement par 400, par 40 et par 8, ce qui revient au même.

J'aurais pu d'ailleurs n'avoir que 2 produits, en multipliant 448 par 50 d'abord, et ensuite par 8, de la manière suivante :

$$58,2\,096 + 22\,400 + 3\,584 = 28\,080$$
$$\underline{3,4\,080 + 1\,344 = 5\,424}$$
$$61$$

Article 3.

TRANSFORMATION DE LA DIVISION EN MULTIPLICATION ET DE LA MULTIPLICATION EN DIVISION.

On facilite encore certaines divisions en les remplaçant par des multiplications ; ainsi au lieu de diviser par 5, on peut multiplier par 0,2, ce qui donne le même résultat ; au lieu de diviser par 25, on a plus vite fait de multiplier par 0,04.

La multiplication à son tour est suppléée par une division lorsque les calculs sont plus simples au moyen de cette dernière. Par exemple, s'il s'agissait de multiplier un nombre par 5, par 25, par 50, il vaudrait mieux diviser par 0,2, par 0,04, par 0,02.

TABLE DE MULTIPLICATEURS ET DE DIVISEURS DONNANT LES MÊMES RÉSULTATS.

Nota. *Les fractions suivies d'un ou de plusieurs points sont périodiques, et le nombre de points est le même que celui des chiffres de la période.*

2	0,5	40	0,025
2,25	0,444 .	45	0,022 .
4	0,25	50	0,02
4,5	0,222 .	66	0,01515 ..
5	0,2	75	0,01313 ..
8	0,125	80	0,0125
9	0,111 .	90	0,011 .
10	0,1	99	0,0101 ..
11	0,0909 ..	110	0,00909 ..
12,5	0,08	111	0,009 ...
15	0,066 .	125	0,008
20	0,05	198	0,00505 ..
25	0,04	250	0,004
30	0,033 .	666	0,00150150 ...

Quelques applications suffiront pour faire connaître l'usage de cette table.

Multiplier 357 par 125.

On voit, par la table, qu'au multiplicateur 125 correspond le diviseur 0,008 ; de sorte qu'en divisant 357 par 0,008 on aura le même résultat. Or, cette division est extrêmement simple.

Il faut, pour avoir des entiers au quotient, que le dividende et le diviseur aient un pareil nombre de décimales, on doit donc ajouter trois chiffres décimaux à 357, ce qui fait 357,000 ; puis supprimant la virgule de part et d'autre, on a 357 000 : 8.

$$\text{Or } 357\,000 : 8$$
$$\text{Moitié.} \quad = \quad 178\,500 : 4$$
$$\textit{Id.} \quad = \quad 89\,250 : 2$$
$$\textit{Id.} \quad = \quad 44\,625$$

Multiplier 125 par 50.

D'après la table, il faut diviser par 0,02.

$$\text{Or,} \quad 125 : 0,02 = 12\,500 : 2 \text{ ou } 6\,250$$

Diviser 350 par 25.

Cette division se transforme en une multiplication par 0,04, qui consiste à quadrupler 350 et à retrancher deux chiffres.

Or, 4 fois 350 font 1 400, quotient 14.

Diviser 4 660 par 625.

En substituant la multiplication par 0,0016.

```
On  a,  par 10        46 60 .
        par  5 moitié 23 30 .
        par  1         4 660
                     ________
        Total         74 560
        Quotient       7 456
```

Diviser 4 660 par 66.

Le multiplicateur correspondant est 0,0151515.

```
On a par conséquent  pour 1            46 60
                     pour  5    moitié 23 30 .
                     pour  1            466 0
                     pour   5           233 0 .
                     pour    1           4 660
                     pour     5          2 330 .
                                       ___________
                                       70 605 990 .
En retranchant 7 chiffres              70,60599
```

Diviser 4 660 par 99.

Je multiplie par 0,010101.

```
Ci   46 60
      4660
       466
    ________
    47,07066
```

Pour la preuve, il faut ajouter la somme des chiffres du reste au produit de la somme des chiffres du diviseur et du quotient : on retrouve la somme des chiffres du dividende.

Article 4.

COMPLÉMENT INDÉFINI.

On trouve encore le quotient par le moyen du *complément indéfini*. Je donne ce nom au complément composé de chiffres décimaux pris successivement à la puissance 1, 2, 3, 4, à l'infini.

Après avoir retranché du dividende autant de chiffres qu'il y en a dans le diviseur, on le multiplie par le complément indéfini. La somme du dividende ainsi modifié, et des produits, est le quotient.

Ainsi au lieu de diviser par

2, on multiplie par	0,1	et par 0,8	à l'infini.
3	0,1	0,7	∞
4	0,1	0,6	∞
8	0,1	0,2	∞
9	0,1	0,1	∞
11	0,01	0,89	∞
12	0,01	0,88	∞
97	0,01	0,03	∞
995	0,001	0,005	∞

Ex. : Diviser 1 234 par 97.

$$1\,234 \times 0,01 = 12,34$$
$$12,34 \times 0,03 = 37$$
$$37 \times 0,03 = 1$$
$$\text{Total} \quad 12,72$$

Donc le quotient est 12,72.

Les compléments indéfinis qui viennent d'être indiqués ne sont pas les seuls dont on puisse se servir : on en obtient de plus avantageux en déduisant successivement de ce complément le diviseur, et en ajoutant autant de fois à lui-même le premier chiffre

Pour le diviseur 24, par exemple, on peut prendre à volonté l'un ou l'autre de

$$
\begin{array}{lll}
0,01 \times & 0,76 \times & 0,76^2 \times & \ldots \; \infty \\
0,02 \times & \cdot 0,52 \times & 0,52^2 \times & \ldots \\
0,03 \times & 0,28 \times & 0,28^2 \times & \\
0,04 \times & 0,04 \times & 0,04^2 \times & \\
0,05 \times & -\,0,20 \times & +\,0,20^2 \times & -
\end{array}
$$

Le diviseur 24 étant plus fort que le complément indéfini 0,4, la soustraction donne — 0,20 pour le nouveau complément indéfini, et ce dernier est alternativement négatif et positif.

Diviser 1 234 par 24.

$$
\begin{array}{rcl}
1\,234 \times 0,04 = & & 49,36 \\
49,36 \times 0,04 = & & 1,97 \\
1,97 \times 0,04 = & & \underline{8} \\
& & 51,41
\end{array}
$$

$$
\begin{array}{lrcl}
\text{Ou} & 1\,234 \times & 0,05 = & 61,7 \\
& 61,7 \times -0,2 = & & \underline{-\,12,34} \\
& & & 49,36 \\
& 12,34 \times & 0,2 = & \underline{2,46} \\
& & & 51,82 \\
& 2,46 \times -0,2 = & & \underline{-\quad 49} \\
& & & 51,33 \\
& 0,49 \times & 0,2 = & \underline{8} \\
& & & 51,44
\end{array}
$$

On s'aperçoit facilement qu'il y a un choix à faire dans ces compléments indéfinis, et qu'ils forment des séries convergentes tout à fait analogues à celles dont on se sert en algèbre.

Le tableau suivant présente les compléments indéfinis les plus avantageux pour les diviseurs qui y sont indiqués.

Il faut se rappeler que quand le second terme est affecté du signe —, tous les termes sont alternativement positifs et négatifs.

DIVISEUR.	COMPLÉMENT INDÉFINI.
31	$0,03 \times 0,07 \infty$
32	$0,03 \times 0,04$
33	$0,03 \times 0,01$
34	$0,03 \times -0,02$
35	$0,02 \times 0,3$
36	$0,03 \times -0,08$
45	$0,02 \times 0,4$
46	$0,02 \times 0,08$
47	$0,02 \times 0,06$
48	$0,02 \times 0,04$
49	$0,02 \times 0,02$
51	$0,02 \times -0,02$
52	$0,02 \times -0,04$
53	$0,02 \times -0,06$
54	$0,02 \times -0,08$
55	$0,02 \times -0,1$
65	$0,02 \times -0,3$
114	$0,01 \times -0,04$
115	$0,008 \times 0,08$
124	$0,008 \times 0,008$
126	$0,008 \times -0,008$
135	$0,008 \times -0,08$
142	$0,007 \times 0,006$
143	$0,007 \times -0,004$
144	$0,007 \times -0,008$
166	$0,006 \times 0,004$
167	$0,006 \times -0,002$
182	$0,005 \times 0,09$
184	$0,005 \times 0,08$
186	$0,005 \times 0,07$
188	$0,005 \times 0,06$
192	$0,005 \times 0,04$
194	$0,005 \times 0,03$ etc.

SOMMATION DES SÉRIES NUMÉRALES CONVERGENTES
ET DIVERGENTES.

La valeur absolue du complément indéfini peut toujours se représenter par un nombre entier ou une fraction, car pour le diviseur 2, on a :

$$0,1 + (0,1 \times 0,8) + (0,1 \times 0,08^2) + \ldots \infty = \tfrac{1}{2}$$

En divisant les deux membres de l'équation par 0,1, et réduisant, on trouve :

$$0,8 + 0,8^2 + \ldots \infty = 4$$

On trouvera de même pour les diviseurs 3, 4, 5, etc.

$$0,7 + 0,7^2 + \ldots \infty = \tfrac{7}{3}$$
$$0,6 + 0,6^2 + \ldots \infty = 1,5$$
$$0,5 + 0,5^2 + \ldots \infty = 1$$
$$0,4 + 0,4^2 + \ldots \infty = \tfrac{2}{3}$$

REMARQUE. La fraction qui est égale à la somme des termes de la progression, a toujours pour numérateur le complément du diviseur, et pour dénominateur le diviseur lui-même.

D'après cela, on peut trouver directement la somme des termes de toute progression géométrique, telle que:

$$0,89 + 0,89^2 + \ldots \infty = \tfrac{89}{11}$$
$$0,88 + 0,88^2 + \ldots \infty = \tfrac{88}{12}$$

Si l'on continue la recherche des divers compléments indéfinis d'un même diviseur par la méthode indiquée précédemment pour 24, on arrive à des facteurs plus grands que l'unité et qui, par conséquent, forment des séries divergentes. La sommation de celles-ci est absolument la même que celle des séries convergentes. On a donc :

$$0,3 - (0,3 \times 1,4) + (0,3 \times 1,4^2) - \ldots \infty = \tfrac{1}{8}$$

$$0,9 - (0,9 \times 1,16) + (0,9 \times 1,16^2) - \ldots \infty = \tfrac{1}{24}$$

Enfin ces équations ont encore la propriété d'être ramenées à leur première forme, lorsqu'après avoir fait passer un ou plusieurs termes du premier membre dans le second, on divise par un nombre convenable.

Ainsi, $0,6 + 0,6^2 + 0,6^3 + \ldots \infty = 1,5$
Devient, $0,6^3 + \ldots \infty = 1,5 - 0,6 - 0,6^2$

En divisant cette dernière par $0,6^2$ on retrouve la première.

Article 5.

CALCUL MENTAL.

Le calcul de tête n'est pas plus difficile pour la division que pour la multiplication, puisqu'on peut remplacer l'une par l'autre Si j'avais à diviser 183 par 13, je pourrais bien chercher par quel nombre il faut multiplier 13 pour avoir 183, ou pour en approcher le plus possible ; 13 par 10 donnent 130, par 5 de plus ce serait 130 + 65 ou 195 ; mais 183 a 12 de moins, donc 183 divisé par 13 égale 15 moins 12 ou 14 plus 1.

J'aurais pu d'ailleurs calculer ainsi : 13 fois 10 font 130, ce nombre ôté de 183, il reste 53, qui contient 4 fois 13 plus 1 ; 10 fois et 4 fois font 14 fois, et il reste 1.

Il convient de s'habituer d'abord à trouver facilement les quotients de 100, 95, 90, etc., divisés par 2, 3, 4, etc. ; 95 par 8, donne 10 pour 80, il reste 15 qui contient 8 et 7, donc dans 95, il y a 11 fois 8 et il reste 7; 67 divisé par 7 donnerait 10 pour 70, c'est par conséquent 10 moins 3, ou 9 plus 7 moins 3, ou enfin 9 plus 4; 95 par 7 donne 10 pour 70, reste 25 qui contient 3 fois 7 plus 4 ; le résultat est 13 plus 4.

Après ces exercices, on passera à des nombres plus forts.

On se servira aussi des méthodes indiquées articles 2 et 3 de ce chapitre, en appliquant à chaque cas en particulier le système qui paraîtra le plus commode. La division de 4 660 par 99 est on ne peut plus facile en faisant usage du multiplicateur 0,0101.., puisqu'il ne s'agit que de prendre le centième du multiplicande, et d'ajouter successivement 2, 3, 4 fois, autant qu'on voudra, ce centième et les centièmes de centièmes à eux-mêmes; on s'aperçoit même tout de suite que la fraction est périodique, de sorte que le quotient exact est 47,0707..

On aurait pu aussi diviser par 100 avec le complément 1, ce qui fait $46 + 60 + 46 = 46 + 106 = 47 + 7$.

S'il s'agissait de diviser 382 par 5, on ferait ce raisonnement : 382 par 5 donnent le même résultat que 2 fois 382 par 10, or 2 fois 382 font 764, et ce nombre divisé par 10 fait 76,4.

Pour la division de 382 par 15, on a 382 par $15 = 764$ par 30, ou 76,4 par 3. Le tiers de 76 est de 25 pour 75, c'est donc $25 + 14$ trentièmes.

On divise 382 par 16 de cette manière : 382 par $16 = 194$ par $8 = 95,5$ par $4 = 47,75$ par $2 = 23,875$.

Ou bien en disant : 10 fois 16 font 160, 20 fois 16

font 320, ces 320 ôtés de 382, il reste 62 ; dans 62 il y a 3 fois 16 + 14, donc le quotient est 23 + 14.

382 par 17, on ferait le même calcul préalable que pour 16, et ensuite : dans 382 il y a 23 fois 16 plus 14, donc il y a 23 fois 17 plus 14 moins 23, ou 23 fois 17 moins 9, ou 22 fois 17 moins 9 plus 17, ou enfin 22 fois 17 plus 8.

On trouve aussi que : en 382 il y a 20 fois 17 pour 340 et il reste 42 qui contient 2 fois 17 et 8 ; en tout 22 fois, reste 8.

Si l'on voulait calculer le nombre d'or pour l'année 1852, on dirait : 1852 + 1 = 1853, qu'il faut diviser par 19 En divisant par 20 avec le complément 1, on a 92 reste 13, 92 + 13 font 105. Ces 105, à leur tour, donnent 5,5 et 5 + 5 = 10, donc le nombre d'or est 10.

Il peut arriver que le dividende soit un décuple ou approche d'un décuple du diviseur ; en pareille circonstance le calcul est fort simple. Si l'on se proposait de diviser 475 par 47, on verrait tout de suite que 470 = 47 fois 10 et que le quotient serait 10, reste 5

Par la même raison, 485 à diviser par 47 donnent 10, reste 15.

Et 465 divisés par 47 font 10 — 5 ou 9 + 47 — 5 ou enfin 9 + 42.

On s'étudiera aussi à reconnaître dans les dividendes, les doubles ou triples décuples du diviseur.

Dans 475 à diviser par 23, on remarquera que 2 fois 23 font 46 ; que dans 475 il y a 10 fois 46 plus 15, ou 20 fois 23 plus 15. Le quotient est donc 23 + 15.

Pour diviser 475 par 24 on se dit : 20 fois 24 font

180 ; or dans 475 il y a 20 fois 24 moins 5, ou 19 fois 24 + 24 — 5 ou 19 + 19.

Indépendamment de ces divers moyens de division, on a encore la ressource des facteurs donnés ci-devant, page 42.

Ainsi pour diviser 6673 par 37, sachant que 18 fois 37 font 666, j'ai 180 fois 37 pour 6660 ; le quotient est donc 180 et le reste 13.

S'il avait fallu diviser le même nombre par 36, à ce quotient 180 + 13 j'ajouterais 180 et j'aurais 180 + 193. Or 193 contient 3 fois 37 plus 82, ou 3 fois 36 + 82 + 3, ce qui fait en tout 183 + 85. Dans 85 il y a 2 fois 36 plus 13, le résultat définitif est donc 185, reste 13.

Ce petit nombre d'exemples suffira pour donner la clef des méthodes au moyen desquelles on peut arriver à faire la division de mémoire. On voit que les calculs proposés sont en général simples et faciles, qu'ils permettent de résoudre des problèmes regardés comme insolubles quand on était réduit au mode unique de division enseigné dans les écoles.

CHAPITRE VII.

PUISSANCES ET RACINES.

—

Article 1er.

CARRÉ ET RACINE CARRÉE.

Quand deux facteurs sont égaux, ils prennent le nom de *racine carrée*, et le produit s'appelle *carré*.

Pour trouver un carré, connaissant sa racine, il faut multiplier la racine par elle-même.

Ainsi $18^2 = 18 \times 18 = 324$.

Racines.	Carrés.	Sommes des chiffres.
1	1	1
2	4	4
3	9	9
4	16	7
5	25	7
6	36	9
7	49	4
8	64	1
9	81	9
10	100	1
11	121	4
12	144	9

Ce tableau donne lieu à plusieurs remarques importantes :

1° Aucun carré ne se termine par les chiffres 2, 3, 7, 8.

2° Les chiffres complémentaires ont toujours, à la puissance, le même chiffre d'unités.

3° La somme des chiffres du carré égale la somme des chiffres du carré de la somme des chiffres de la racine. *Ex.* : 15 376 : la somme des chiffres est 22, qui se réduisent à 4 ; la racine 124 donne 7 pour la somme de ses chiffres ; le carré de 7 est 49 qui se réduisent à 13 et enfin à 4.

4° *La différence de deux carrés consécutifs est égale à la somme de leurs racines.*

La différence de 36 à 49 est 13. Les racines sont 6 et 7 dont le total est aussi 13.

Par conséquent, étant donnés une racine et son carré, on trouve le carré suivant en ajoutant au carré donné les deux racines.

Le carré de 12 étant 144

Celui de 13 sera 144 + 12 + 13 = 169

Celui de 14   169 + 13 + 14 = 196.

Par la même raison on obtiendra des carrés successivement plus petits, en déduisant du carré donné sa racine et celle qui est inférieure d'une unité.

Le carré de 30 étant 900

Celui de 29 sera 900 — 30 — 29 = 841

Celui de 28   841 — 29 — 28 = 784

5° En ajoutant quatre dixièmes à la racine, le carré est presque double; en effet 196, carré de 14, est presque double de 100, carré de 10.

6° Trois quarts de plus à la racine correspondent à un carré presque triple.

7° Le carré d'une racine double est quadruple : ainsi le carré de 11 étant 121, celui de 22 est 121 × 4.

Trouver le carré de 49.

Celui de 100 étant	10 000
Celui de 50 sera le quart	2 500
Déduisant 50 + 49, ci	99
	2 401

Il reste le carré de 49.

8° Cinq quarts de plus à la racine donnent un carré plus que quintuple.

9° Le carré d'une racine triple est nonuple, d'où il résulte que le carré de 11 étant 121, celui de 33 est 121 × 9.

Étant donnés une racine et son carré, on trouvera

le carré d'une racine plus forte d'un certain nombre d'unités en ajoutant au carré connu le PRODUIT de la *différence* des deux racines *par le total* desdites racines.

Ex. : Le carré de 20 étant 400, quel est celui de 28 ?

Première racine	28
Deuxième racine	20
Total	48
A multiplier par 28 — 20 = 8, ce qui donne	384
En ajoutant	400
On a pour 28²	784

L'opération inverse servirait à trouver un carré plus faible que le carré proposé.

Ex. : Le carré de 100 étant 10 000, trouver celui de 88.

La différence des racines est	12
Et leur total	188
Le produit	2 256
Retranché de	10 000
Il reste	7 744

L'extraction des racines, par les moyens ordinaires, est difficile et compliquée ; les observations qui précèdent et celles qui suivent, permettront d'obtenir facilement la racine carrée aussi bien que toutes celles des degrés supérieurs.

Qu'on propose de trouver la racine carrée de 9 604, je me dis : le carré de 100 est 10 000, nombre qui ne diffère pas beaucoup de 9 604.

Alors je déduis de	10 000
100 et 99, ci	199
J'ai le carré de 99, ci	9 801
J'en retranche 99 et 98, ci	197
	9 604

Le reste étant égal au carré donné, sa racine est 98.

On peut, par la division, trouver les racines de tous les degrés.

Voici comment, en ce qui concerne la racine carrée.

Celle de 82 200 a nécessairement 3 chiffres dont le premier est 2 ; le carré de 200 est 40 000, or 82 200 est plus que double, par conséquent sa racine doit excéder d'environ 4 dixièmes, ce qui fait $200 + \frac{4 \times 200}{10} = 280$. En divisant 82 200 par 280, il vient au quotient 293, qui est plus fort que la racine cherchée, tandis que 280 est plus faible. Cette racine est $\frac{280 + 293}{2} = 286$.

Il faut toutefois remarquer que le reste de la division doit être au moins égal au carré de la moitié de la différence qui existe entre le diviseur et le quotient, ou, ce qui revient au même, au produit de cette différence par son quart, sans quoi il faudrait diminuer le quotient d'une ou plusieurs unités, et augmenter en même temps le reste d'une ou plusieurs fois le diviseur, afin que ce reste remplisse la condition voulue. Dans l'exemple ci-dessus, la différence entre 280 et 293 est 13, dont le produit par $\frac{13}{4}$ se trouve bien inférieur au reste qui est 160 ; mais si l'on avait divisé par 270, on aurait eu au quotient 304 dont la différence avec 270 est 34 ; or, 34 multiplié par le quart de 34 donne 289, tandis qu'il ne reste que 120. Il faut donc prendre pour quotient 303 et pour reste 390 qui sont dans le rapport indiqué. Le résultat définitif $\frac{270 + 303}{2} = 286$ comme on l'a déjà trouvé (1).

(1) Pour se rendre compte de cette règle, il suffit de diviser un carré tel que a^2, par un nombre qui diffère de la racine en plus ou en

Dans le cas où l'on se serait servi d'un diviseur beaucoup trop fort, ou beaucoup trop faible, on s'éviterait la peine de réduire le quotient en employant de nouveau, comme diviseur, la demi-somme du quotient et du diviseur dont on aurait fait usage. Si, par exemple, on avait divisé 82 200 par 250, on aurait eu 328, qui est beaucoup trop fort ; on diviserait alors 82 200 par 289, moitié de $250 + 328$, ou mieux par 290, qui est plus facile à employer que 289, et on trouverait 283 qui forme, avec 290 le double de la racine cherchée.

Toutefois on aura rarement besoin de recourir à ce moyen, surtout si l'on remarque que le second chiffre de la racine peut se reconnaître très facilement avant l'opération. En effet, si l'on déduit de la première tranche le carré du premier chiffre ; le reste, avec le chiffre suivant de la seconde tranche, divisé par ce même premier chiffre de la racine, donne le double du second chiffre.

Par exemple, la racine de 126 500 a un 3 aux centaines ; 9, carré de 3, déduits de 12, il reste 3 qui, avec le 6 suivant, fait 36 ; or, 36 divisé par 3 donne 12 dont la moitié, 6, doit être à peu près ce second chiffre, celui des dizaines ; je divise en conséquence par 360 et je trouve directement 355, qui est la racine demandée.

moins, comme $a + b$ ou $a - b$. La division par $a + b$ donne $a - b$ pour quotient et b^2 pour reste. En divisant par $a - b$, on a le même reste, avec $a + b$ au quotient.

Article 2.

CALCUL MENTAL.

On doit s'exercer à trouver de tête, par l'addition, les carrés de tous les nombres depuis un jusqu'à cent, en opérant ainsi : le carré de 2 est 4 ; celui de 3 est $4 + 2 + 3$, ou 9 ; celui de 4, $9 + 3 + 4$, ou 16, celui de 5, $16 + 4 + 5$, ou 25, et ainsi de suite.

Les procédés de multiplication et de division, joints à ceux qui viennent d'être indiqués, permettront de trouver des carrés et des racines sans avoir besoin de recourir à la plume.

Le carré de 27, par exemple, se calculerait facilement en multipliant 27 par 3, ce qui fait 81, ajoutant un 0, ce qui produit 810, et retranchant 81 (3 fois 27), reste 729.

Ou bien, en remarquant que le carré de 27 doit être 9 fois celui de 9, qui est 81 ; or, 9 fois 81 font 729.

On trouverait encore ce carré en déduisant de 900, qui est celui de 30, le produit de 57 par 3 (la somme des deux racines par leur différence).

Enfin on facilite le calcul des carrés en portant d'une racine sur l'autre une quantité quelconque, et en ajoutant au produit le carré de cette quantité.

Ainsi le carré de 27 égale :

$$(27 + 7) \times (27 - 7) + 7 \times 7 \text{ ou } (34 \times 20) + 49 = 729$$
$$34 \times 34 = 38 \times 30 + 16 = 11\ 56.$$
$$43 \times 43 = 46 \times 40 + 9 = 18\ 49.$$
$$55 \times 55 = 60 \times 50 + 25 = 30\ 25.$$
$$88 \times 88 = 100 \times 76 + 144 = 77\ 44.$$
$$99 \times 99 = 100 \times 98 + 1 = 98\ 01.$$

Pour appliquer ce procédé à un nombre de 3 chiffres, on ferait d'abord le carré des deux derniers, par conséquent :

$$543 \times 543 = 586 \times 500 + 1\,849 = 294\,849.$$
$$655 \times 655 = 710 \times 600 + 3\,025 = 429\,025.$$

On passe ensuite à un quatrième chiffre :

$$8\,543 \times 8\,543 = 9\,086 \times 8\,000 + 294\,849 = 72\,692\,849.$$

Le mode de multiplication indiqué page 44, s'applique de la manière la plus avantageuse à la recherche des carrés ; pour celui de 95, par exemple, on a : $5 \times 5 = 25$, plus $90 \times 10 = 900$, or, 900 dizaines plus 25 unités font 9 025, carré de 95.

Celui de 188 donne $12 \times 12 = 144$ unités, $176 \times 20 = 3\,520$ dizaines ; total égal au carré 35 344.

$$98 \times 98 = (2 \times 2) + 96 \times 10 \text{ dizaines.}$$
$$97 \times 97 = (3 \times 3) + 94 \times 10 \text{ dizaines.}$$

On peut aussi prendre pour auxiliaire un nombre de dizaines plus petit que les facteurs ; mais au lieu de déduire les unités, il faut les ajouter ; ainsi :

$$82 \times 82 = 2 \times 2 \text{ pour les unités et } 84 \times 8 \text{ pour les dizain.}$$
$$63 \times 63 = 3 \times 3 \text{ pour les unités et } 66 \times 6 \text{ pour les dizain.}$$

Le calcul des racines peut s'effectuer de la même manière, ou par la division, suivant les nombres sur lesquels on doit opérer.

Pour trouver celle de 1 015, on divise ce nombre par 30, il vient 33 qui, réuni à 30, forme 63, dont la moitié, 31, est la racine demandée.

Celle de 5 340 est entre 70, qui fait 4 900 et 80, dont le carré est 6 400 ; en divisant par 80, on trouve 66 ; or, la demi somme de ces deux nombres est 73.

On comprendra que, pour celui qui se serait déjà

exercé, ces moyens de calcul sont susceptibles d'une grande extension.

Article 3.

CUBE ET RACINE CUBIQUE.

En multipliant un carré par sa racine, on obtient un *cube*. Le cube s'appelle aussi 3e *puissance*. Le multiplicateur est la *racine cubique*.

27 est le cube de 3, parce qu'en multipliant par 3 le nombre 9, carré de 3, on trouve 27.

Racines.	Cubes.	Sommes des chiffres.
1	1	1
2	8	8
3	27	9
4	64	1
5	125	8
6	216	9
7	343	1
8	512	8
9	729	9
10	1 000	1
11	1 331	8

On fait sur ce tableau, les remarques ci-après.

1° Le chiffre des unités est toujours le même, pour les cubes et pour les racines qui se terminent par 1, 4, 5, 6, 9 ou 0.

Ce chiffre est complémentaire entre les cubes et les racines finissant par 2, 3, 7 ou 8.

Il résulte de cette observation (puisqu'une racine a toujours autant de chiffres qu'il y a de tranches dans le cube, et que le premier chiffre se reconnaît par la 1re tranche) qu'on n'aura jamais besoin de calcul pour trouver une racine de 2 chiffres, si l'on se rappelle les cubes des 9 premiers nombres

En effet, dans le cube 175 616, on sait, par le dernier 6, que la racine a aussi un 6 pour unités, et par la tranche 175, qui renferme 125, cube de 5, que ce chiffre est celui des dizaines ; la racine est donc 56.

Dans le cube 74 088, le 8 final indique un 2 pour unités à la racine, et la tranche 74 ne peut renfermer que 64, cube de 4 ; par conséquent sa racine est 42.

2° Tout cube se compose de sa racine et d'un multiple de 6 ; le multiplicateur de 6 est lui-même composé des racines précédentes, prises autant de fois que leur rang est éloigné de la racine du cube que l'on considère.

Ainsi le cube de 12 égale 12, plus 6 multiplié par une fois 11, 2 fois 10, 3 fois 9, 4 fois 8, 5 fois 7, 6 fois 6, 7 fois 5, 8 fois 4, 9 fois 3, 10 fois 2, et 11 fois 1.

D'où :

$$
\begin{aligned}
\text{Le cube de } 1 \text{ égale } & 1 + (6 \times 0) \\
\text{de } 2 \quad & 2 + (6 \times 1) \\
\text{de } 3 \quad & 3 + (6 \times 4) \\
\text{de } 4 \quad & 4 + (6 \times 10) \\
\text{de } 5 \quad & 5 + (6 \times 20)
\end{aligned}
$$

COROLLAIRE 1er. Cette disposition sera remplacée avantageusement par la suivante, qui offre directement le multiplicateur de 6.

1° Écrire sur une 1re ligne, la suite des nombres naturels, 0, 1, 2, 3, etc.

2° Placer, sur une 2e ligne, les totaux successifs du 1ᵉʳ, des 2 premiers, des 3 premiers chiffres de la ligne qui précède ; c'est-à-dire la suite des nombres triangulaires.

3° Faire, sur une 3ᵉ ligne, la même opération que pour la seconde ; on aura les nombres pyramidaux.

4° Multiplier par 6 chacun des nombres de la 3ᵉ ligne.

5° Placer sous ces produits les racines 1, 2, 3, etc.

6° Totaliser les 2 dernières lignes ; ce qui donnera les cubes.

1°	0	1	2	3	4	5	6	7
2°	0	1	3	6	10	15	21	28
3°	0	1	4	10	20	35	56	84
4°	0	6	24	60	120	210	336	504
5°	1	2	3	4	5	6	7	8
6°	1	8	27	64	125	216	343	512

COROLLAIRE 2. On trouvera directement les nombres de la 4ᵉ ligne au moyen de l'équation

$$\frac{n-1}{3} \times \frac{n+1}{2} \times n \times 6 = n^3 - n$$

D'où l'on tire

$$\left(\frac{n-1}{3} \times \frac{n+1}{2} \times n \times 6\right) + n = n^3.$$

Il est facile de voir que cette dernière équation, divisée ou multipliée par n, fournira de nouvelles formules pour toutes les puissances ; ainsi on aura :

$$\frac{n-1}{3} \times \frac{n+1}{2} \times 6\right) + 1 = n^2.$$

$$\frac{n-1}{3} \times \frac{n+1}{2} \times 6 \times n^2\right) + n^2 = n^4.$$

$$\frac{n-1}{3} \times \frac{n+1}{2} \times 6 \times n^3\right) + n^3 = n^5.$$

Etc.

COROLLAIRE 3. Il suit encore de cette remarque qu'on peut trouver, par l'addition, la succession des cubes.

```
Celui de 2 est     8
        3         27    diff. 19
        4         64      —  37    diff. 18
        5        125      —  61      —  24    diff. 6
        6        216      —  91      —  30      —  6
        7        343      — 127      —  36      —  6
```

Comme on le voit ci-dessus, il suffit d'ajouter le nombre constant 6 à la seconde différence, de totaliser avec la première différence et avec le dernier cube ; par conséquent le cube de $7 = 30 + 6 + 91 + 216$ ou $36 + 91 + 216$, ou enfin $127 + 216$.

3° Un accroissement du dixième dans la racine correspond à une augmentation de presque **un tiers** sur le cube. *Ex.* : 1331 et 1000, cubes de 11 et de 10.

4° Le cube de 5 est presque double de celui de **4, et** la racine n'excède que d'un quart.

5° Pour une racine double, le cube est octuple.

6° En augmentant de 7 sixièmes la racine, le **cube** devient plus que décuple, etc.

7° La somme des chiffres du cube égale la somme des chiffres du cube de la somme des chiffres de la racine.

Soit proposé de trouver la racine de 80 000 ; puisque ce nombre est décuple de 8000, cube de 20, il faut ajouter à 20 ses 7 sixièmes, ce qui donne 43 pour la racine demandée.

De même le cube de 60 étant 216 000, on aura celui de 66 en multipliant 216 000 par 1331 ; ce cube est 287 496.

Une racine et son cube étant donnés, pour trouver

le cube qui suit immédiatement, il faut ajouter au cube connu 3 fois le produit des 2 racines, plus 1.

Ex. : Quel est le cube de 14, celui de 13 étant 2197

```
à          2 197
j'ajoute 3 × 13 × 14, ci        546
et                               1
                               ─────
                               2 744
```

Pour avoir le cube plus faible, il faut en retrancher 3 fois le produit des 2 racines, plus 1.

```
Le cube de 20 est                       8 000
Celui de 19 — ( 20 × 19 × 3 ) — 1       1 141
                                        ─────
                                        6 859
```

Le cube d'une racine plus forte qu'une autre racine d'un nombre donné s'obtient en ajoutant au cube connu, 1° le produit des 2 racines multiplié par 3 et par la différence des racines ; 2° le cube de la différence.

```
Le cube de 10 étant             1 000
Celui de 15 excède de
10 × 15 × 3 × 5, ci             2 250
 5 ×  5 × 5, ci                  125
                               ─────
                               3 375
```

Le cube plus faible exige que l'on retranche les mêmes produits.

```
Le cube de 20 est               8 000
— 20 × 16 × 3 × 4, ci           3 840
—  4 ×  4 × 4, ci                 64
                               ─────
Cube de 16                      4 096
```

Deux cubes successifs étant donnés, en déduire le suivant.

Ce troisième égale le deuxième plus 6 fois sa racine plus la différence avec le précédent.

Le cube de 10 étant   1 000
Celui de 11   1 331
Celui de 12 sera
$1331 + (6 \times 11) + 331 =$ 1 728
Et celui de 13
$1728 + (6 \times 12) + 397 =$ 2 197

On aura des cubes successivement plus faibles que ceux donnés en retranchant du plus petit sa différence avec le plus grand diminuée de la racine multipliée par 6.

D'où le cube de 9 serait
$1000 - 331 \quad (10 \times 6) =$ 729

Et celui de 8
$729 - 271 + (9 \times 6) =$ 512

En multipliant un cube par 27, on obtient le cube d'une racine triple.

8, cube de 2, multiplié par 27, donne 216, cube de 6.

La racine cubique s'obtient par la division tout aussi facilement que la racine carrée, à la différence qu'il faut diviser 2 fois la puissance par une racine qu'on évalue approximativement. Le dernier quotient, additionné avec les 2 diviseurs, donne au total le **triple** de la racine, pourvu que le reste de la dernière division soit au moins égal au produit de la différence du diviseur avec le dernier quotient, multiplié par le tiers de cette même différence; condition qu'il faudrait obtenir, si elle n'existait pas, en diminuant le quotient et augmentant le reste, comme il a été dit à la racine carrée.

Pour avoir la racine de 182 284 283, je remarque

qu'elle a 3 chiffres compris entre 500 et 600, puisque le cube de 500 est plus faible et celui de 600 plus fort : je m'aperçois en outre que 182 se rapproche davantage de 216 que de 125, et j'en conclus que la racine cherchée est plus voisine de 600 que de 500 ; je la suppose de 560, et je divise par ce nombre 182 284 283, je trouve 325 507 que je divise aussi par 560, il vient 581 avec un reste de 707

```
182 284 283       |560           |560
 14 28            |---           |---
  3 084           |325 507       |581   différence   24
    284 2            45 50        560      1/3          7
      4 283             707        560   produit      ___
                                   ___                 147
                                  1701
                    le tiers       567
```

La différence 24 du quotient avec le diviseur, multipliée par son tiers, donne 147, qui est plus petit que 707, donc 581 est bon ; ce nombre, ajouté aux diviseurs, forme 1701 dont le tiers 567 est la racine demandée.

Pour n'être pas sûr du résultat, il faudrait que le diviseur fût très éloigné de la racine. On en trouvera la raison à la fin de ce chapitre.

On peut toujours, en comparant avec un cube connu le nombre dont il s'agit d'extraire la racine, trouver une racine approximative dont on se sert immédiatement comme diviseur.

Pour calculer la racine de 24 avec 3 décimales, ce nombre étant triple de 8, cube de 2, sa racine approche de $\frac{20 \times 2}{20} = 2,90$

Il s'agit alors de diviser 24 000 000 000 deux fois

par 2 900, il vient 2 853 qui, ajouté aux deux diviseurs 2 900 donne 8 653, dont le tiers est la racine cherchée.

Article 4.

CALCUL MENTAL.

On trouve la succession des cubes au moyen de la méthode indiquée dans l'article précédent, pour connaître le cube qui suit immédiatement.

Ainsi le cube de 10 étant 1000 celui de 11 est $1000 + 1 + (10 \times 11 \times 3) = 1331$, celui de 12 est $1331 + 1 + (11 \times 12 \times 3) = 1728$, et ainsi de suite.

Ou bien en ajoutant au dernier, 1° sa différence avec le précédent, 2° six fois sa racine.

Le cube de 10 étant 1000 et celui de 11, 1331, celui de 12 sera $1331 + 331 + 66 = 1728$ et celui de 13, $1728 + 397 + 72 = 2197$.

Le calcul des racines peut se faire de mémoire en élevant au cube, par la multiplication, la racine qu'on évalue approximativement; on peut aussi les chercher par la division en se servant de nombres ronds autant que possible, ou en employant les facteurs de l'article 3, chapitre 5.

On a fait connaître, à l'article précédent, la manière de trouver les racines de 2 chiffres. Pour celles de 3, il y a deux méthodes; l'une applicable plus spécialement aux racines comprises entre 100 et 500 et l'autre à celles de 500 à 1000.

En voici des applications.

1° Le cube de 30 959 144 a nécessairement un 4 aux unités de sa racine, donc on n'a besoin de s'occuper que des 2 autres chiffres que l'on doit calculer dans les tranches 30 959. Considérant ce dernier nombre comme un cube, on voit tout de suite qu'il excède celui de 30 ; mais le cube de 31 serait $3 \times 30 \times 31$ $+ 27 001$ ou 29 791, et c'est le seul qui puisse être contenu dans 30 959, puisque, pour avoir 1 de plus à la racine, il a fallu ajouter 2791 au cube et que si l'on ajoutait 2 fois ce nombre, on excéderait 30 959.

Il en résulte que la racine est 314.

2° 203 297 472 a 3 chiffres à sa racine, celui des unités est 8, celui des centaines 5. Or, le cube de 50 est 125 000 et celui de 60 est 216 000, différence 91 mille. Le dixième de ce dernier nombre est 9 environ, d'où je conclus que la moyenne d'augmentation pour une dizaine de plus à la racine serait 9 mille ; mais ces augmentations vont toujours en s'accroissant ; elles sont donc moindres pour les premières dizaines que pour les dernières ; on peut les fixer ainsi : 9 pour 5 dizaines ; 8 pour 4 et 3 ; 7 pour 2 et 1 ; 10 pour 6 et 7 ; 11 pour 8 et 9. D'après cela le cube de :

51	serait	132 mille
52		139
53		147
54		155
55		164
56		174
57		184
58		195
59		206

La première tranche du cube proposé étant 203, a pour racine 58; donc la racine demandée est 588.

3⁰ Dans le cube 160 103 007; la tranche 007 indique un 3, on trouve 5,4 pour 160; donc la racine est 543.

4⁰ La racine de 469 097 433 a un 7 aux unités, un 7 aux centaines; le cube de 7 est 343, celui de 8, 512, différence 169, ce qui fait 17 en moyenne pour chaque dixième, et après correction 15, 15, 16, 16, 17, 18, 18, 19, 19. Si l'on retranche 19 de 512, il reste pour le cube de 7,9, 493; déduisant encore 19, il reste pour le cube de 7,8, 474, ce nombre, diminué de 18, donne 456 pour le cube de 7,7, par conséquent la racine est 777.

On peut d'ailleurs s'assurer de l'exactitude de ces différences 15, 15, 16, etc., qui ici sont des millions, en multipliant par 6 la racine, puisque la différence des cubes qui se suivent va en augmentant de 6 fois la racine du précédent; cette racine, qui est de 700 environ, donne 4200 à 4800 pour les secondes différences des cubes entre 700 et 800.

Article 5.

QUATRIÈME PUISSANCE ET RACINE QUATRIÈME.

La *quatrième puissance* est le produit de la multiplication du cube par sa racine, qui prend alors le nom de *racine quatrième*.

Racines.	4es Puissances.	Sommes des chiffres.
1	1	1
2	16	7
3	81	9
4	256	4
5	625	4
6	1 296	9
7	2 401	7
8	4 096	1
9	6 561	9

On a vu, articles 1er et 3, que le carré et le cube peuvent se trouver par l'addition ; il en est de même DE TOUTES LES PUISSANCES Il suffit, pour cela, d'établir les premières puissances du degré qu'on veut obtenir, d'en tirer les différences, puis les différences des premières différences, les différences des secondes différences, et de continuer ainsi jusqu'à ce que les différences ne va - rient plus : le nombre des différences est d'ailleurs égal à l'indice de la puissance, et les dernières diffé- rences vont elles-mêmes en s'accroissant dans la pro- portion multiple des mêmes indices. Ainsi :

Pour les carrés, il y a 2 diff. la dernière $= 2$
  »   cubes,   3 *id.*   *id.* $= 2 \times 3 = 6$
  »   4e p.   4 *id.*   *id.* $= 6 \times 4 = 24$
  »   5e p.   5 *id.*   *id.* $= 24 \times 5 = 120$
Etc.

On obtient aussi la 4e puissance en multipliant le carré par lui-même.

Par conséquent, pour réduire une 4e puissance à sa racine, on peut en extraire 2 fois la racine carrée.

On trouve encore cette racine en divisant 3 fois le nombre donné par une racine approximative, et en prenant le quart du total du dernier quotient avec les 3 diviseurs.

Dans ce cas, il faut que le reste de la division égale au moins le produit de la différence du diviseur avec le dernier quotient, multipliée par les 3 huitièmes de cette différence.

Article 6.

CINQUIÈME PUISSANCE ET RACINE CINQUIÈME.

La *cinquième puissance* provient de la multiplication de la 4° puissance par la racine, et ainsi de suite pour toutes les puissances.

Racines.	5es Puissances.	Sommes des chiffres.
1	1	1
2	32	5
3	243	9
4	1 024	7
5	3 125	2
6	7 776	9
7	16 807	4
8	32 768	8
9	59 049	9

On remarque dans ce tableau que le dernier chiffre est toujours le même à la puissance et à la racine.

Par conséquent une racine de 2 chiffres se reconnaîtra sans calcul dans toutes les cinquièmes puissances, pourvu que cette racine soit commensurable

L'accroissement est rapide dans la 5e puissance,

puisqu'une racine double correspond à une puissance 32 fois plus considérable; une racine triple comporte une multiplication de 243 fois dans la puissance; pour une racine quadruple, la puissance excède mille fois. Un septième d'augmentation sur la racine produit une puissance presque double, etc.

Pour l'extraction de la racine cinquième, le moyen le plus simple consiste à évaluer aussi exactement que possible cette racine et à l'employer 4 fois comme diviseur. Ajouter au quotient les 4 diviseurs et prendre le 5ᵉ du total.

Il faut que le dernier reste égale au moins la différence entre le dernier quotient et le diviseur, multipliée par ses 2 cinquièmes.

Exemple : Trouver la racine 5ᵉ de 45 687 520.

Ce nombre a deux chiffres à sa racine, et le premier est un 3, puisque 456 est compris entre 243 et 1024.

D'un autre côté 456 approche d'être double de 243, donc sa racine doit excéder d'un septième environ. Elle est donc $30 + \frac{30}{7}$ ou 34 pour la racine approximative de 45 687 520.

En divisant ce nombre 4 fois par 34, on trouve au dernier quotient 34, qui par conséquent est la racine.

Article 7.

SIXIÈME PUISSANCE ET RACINE SIXIÈME.

Racines.	6ᵉˢ Puissances.	Sommes des chiffres.
1	1	1
2	64	1
3	729	9
4	4 096	1
5	15 625	1
6	46 656	9
7	117 649	1
8	262 144	1
9	531 441	9

En comparant ce tableau avec ceux des carrés et des cubes, on s'aperçoit que la 6ᵉ puissance provient de la multiplication du cube par lui-même, c'est-à-dire que la 6ᵉ puissance est le carré d'un cube.

Par conséquent, pour trouver une racine sixième, on fera d'abord l'extraction de la racine carrée, et ensuite celle de la racine cubique de la première racine obtenue.

Ou bien on divisera 5 fois par une racine approximative, et on prendra le sixième du total du dernier quotient avec les 5 diviseurs.

Le reste de la dernière division doit être au moins égal à la différence entre le diviseur et le quotient final, multipliée par ses cinq douzièmes.

Exemple : Calculer la racine de 125 000 000.

Je remarque 1° que cette racine a 2 chiffres ; 2° que le premier chiffre est un 2, puisque 125 est entre 64 et 729 ; 3° que 125 est presque double de 64 et que, puisque la 6° puissance de 9 est à peu près double de celle de 8, la racine demandée doit être à peu près d'un huitième plus forte que 20. Je la suppose de 22 et je divise 5 fois 125 000 000 par 22, je trouve 24 et 5 au reste ; or, ce reste est plus fort que 5 tiers, produit de 2 par ses 5 douzièmes ; et 24, ajoutés à 5 fois 22, donnent 134 dont le sixième est 22, ce dernier nombre est par conséquent la racine.

Article 8.

SEPTIÈME PUISSANCE ET RACINE SEPTIÈME.

Racines.	7ᵉˢ Puissances.	Sommes de chiffres.
1	1	1
2	128	2
3	2 187	9
4	16 384	4
5	78 125	5
6	279 936	9
7	823 543	7
8	2 097 152	8
9	4 782 969	9

Ici, comme au cube, la puissance et la racine ont le même chiffre final quand c'est 1, 4, 5, 6, 9 ou 0 et le chiffre complémentaire quand c'est 2, 3, 7, ou 8.

Le calcul des racines est le même que pour la 5° puissance, c'est-à-dire qu'après avoir évalué par approximation la racine, on divise 6 fois la puissance par l'évaluation, et on prend le septième du total des diviseurs avec le dernier quotient.

Il faut s'assurer que le reste est égal au moins à la différence entre le dernier quotient et le diviseur, multipliée par les 3 septièmes de cette différence.

D'après ce qui vient d'être dit, on comprend que pour toutes les puissances dont l'indice n'est pas un nombre premier, la puissance se décompose en plusieurs autres dans lesquelles on peut la ramener; ainsi en prenant la racine carrée d'une huitième puissance, on la réduit à une quatrième puissance.

Article 9.

RACINES SUPÉRIEURES AU SEPTIÈME DEGRÉ.

Comme on l'a vu dans les articles précédents de ce chapitre, l'extraction des racines, par la division ordinaire, consiste à diviser la puissance par un nombre qui approche de la racine; et à employer ce nombre comme diviseur autant de fois qu'il y a d'unités moins une dans l'indice de la puissance.

Cette méthode exige que le reste de la dernière division soit dans un rapport déterminé avec la différence entre le diviseur et le quotient, rapport qui varie avec les degrés des racines, et forme une sorte de progression.

Il suffirait donc, pour pouvoir appliquer la méthode

aux racines de tous les degrés possibles, de connaître la raison de la progression. La voici.

La différence du dernier quotient avec le diviseur doit être multipliée par une fraction d'elle-même, fraction qui est :

Pour le carré	$\frac{1}{4}$
le cube	$\frac{2}{6}$
la 4e puissance	$\frac{3}{8}$
la 5e puissance	$\frac{4}{10}$
la 6e puissance	$\frac{5}{12}$
la 7e puissance	$\frac{6}{14}$

Or, ces fractions donnent lieu aux sept observations suivantes :

1° Les numérateurs forment la suite des nombres naturels 1, 2, 3, 4, etc.

2° Ces numérateurs sont toujours un de moins que l'indice de la puissance.

3° En ajoutant 1 à chaque numérateur, toutes les fractions seraient égales à un demi.

4° Les dénominateurs vont en augmentant de 2.

5° Ces dénominateurs sont toujours doubles de l'indice de la puissance.

6° Les fractions sont de plus en plus fortes.

7° Ces fractions s'approchent successivement d'un demi sans jamais l'atteindre.

On peut donc continuer la progression indéfiniment, et trouver directement tel terme qu'on voudra de cette progression. On aura :

9

Pour la 8ᵉ puissance $\dfrac{7}{16}$

la 9ᵉ puissance $\dfrac{8}{18}$

la 10ᵉ puissance $\dfrac{9}{20}$

En appliquant à tous les degrés la démonstration indiquée à la racine carrée, on s'aperçoit que la correction effectuée au moyen des fractions qui précèdent n'est rigoureusement exacte que pour cette racine, car a^3 divisé 2 fois par $a + b$ donne au quotient $a - 2\,b$ et au reste $3\,b^2 - \dfrac{b^3}{a + b}$, c'est-à-dire que ce reste est inférieur à la fraction $\dfrac{2}{6}$ du cube du tiers de la différence entre le quotient et le diviseur, divisé par ce diviseur. Or, cette quantité $\dfrac{b^3}{a + b}$ qui est ordinairement fort petite, ne pourrait fausser le résultat que dans un nombre de cas très restreint, et si le numérateur b^3 excédait le dénominateur. En divisant a^3 par $a - b$, il vient au quotient $a + 2\,b$ et le reste qui est $3\,b^2 + \dfrac{b^3}{a - b}$ excède au contraire la fraction $\dfrac{2}{6}$ de la quantité $\dfrac{b^3}{a - b}$.

De même a^4, a^5, etc., divisés par $a + b$ et par $a - b$, fournissent des restes dont les termes, tantôt positifs et tantôt négatifs, tendent à modifier les fractions établies ci-devant, mais qui ont trop peu de valeur pour altérer les racines trouvées, toutes les fois qu'il n'y a pas une différence notable entre le quotient et le diviseur.

On peut, par conséquent, négliger ces termes.

La somme des chiffres est 9 pour toute puissance de 3 ou d'un multiple de 3.

CHAPITRE VIII.

APPENDICE.

—

rticle 1ᵉʳ.

OPÉRATIONS COMPLEXES.

On donne à ces opérations les noms de règles de trois, d'escompte, d'intérêt, d'alliage, de compagnie; mais il convient de renoncer à ces dénominations et de supprimer dans les traités d'arithmétique la forme particulière de ces règles;

1° Parce qu'elle consacre une sorte de routine qui n'est nullement nécessaire;

2° Parce qu'elle n'est d'aucune utilité pour celui qui sait l'arithmétique;

3° Parce qu'elle peut induire en erreur celui qui ne la sait pas parfaitement, ce qui arrive presque toujours lorsqu'il s'agit de résoudre une règle de trois inverse.

Si la théorie des proportions doit être maintenue, il faut reconnaître qu'elle n'a de véritable application que dans la géométrie.

Au moment de résoudre un problème, on doit examiner, dans leur ensemble, les calculs qu'il y a à faire, afin de les combiner de la manière la plus avantageuse.

Si l'on avait, par exemple, à chercher le toisé de diverses parties de murs ayant la même épaisseur avec des longueurs et des hauteurs variables, il est certain qu'on simplifierait les opérations en réunissant dans un total les produits partiels des longueurs par les hauteurs, pour le multiplier par l'épaisseur, au lieu de faire séparément le toisé de chaque partie du mur.

Exemple : Combien y a-t-il de mètres cubes de maçonnerie dans les diverses parties de murs ci-après : 1° 24 mètres de longueur sur 2,50 de hauteur et 0,55 d'épaisseur ; 2° 12 mètres de longueur sur 2,65 de hauteur et 0,55 d'épaisseur ; 3° 25 mètres de longueur, 2,60 de hauteur et 0,55 d'épaisseur ; 4° 12 mètres 50 de longueur, 2,62 de hauteur et 0,55 d'épaisseur.

$$1° \ 24 \quad \times 2,50 = \quad 60$$
$$2° \ 12 \quad \times 2,65 = \quad 31,80$$
$$3° \ 25 \quad \times 2,60 = \quad 65$$
$$4° \ 12,50 \times 2,62 = \quad 32,75$$

$$189,55 \times 0,55 = 94,775 + 9,4775$$
$$= 104,2525.$$

Pour la multiplication de 189,55 par 0,55, j'ai pris en premier lieu la moitié du multiplicande, j'ai écrit une seconde fois cette moitié en reculant la virgule d'un rang, et j'ai totalisé ces deux derniers nombres.

On ne doit pas négliger, avant de résoudre un problème, d'en simplifier les termes, quand c'est possible.

2ᵉ EXEMPLE : La maison de mon voisin a 12 mètres de façade, 15 mètres d'élévation et 7 mètres de profondeur ; elle a coûté 156 000 fr. La mienne aura 16 mètres de façade, 16 mètres d'élévation et 8 mètres de profondeur, à quel prix me reviendrait-elle proportionnellement avec celle de mon voisin?

C'est ce qu'on appelle une règle de trois composée, mais il est plus simple de la résoudre par le raisonnement.

La maison de mon voisin a de mètres cubes $12 \times 15 \times 7$ et elle coûte 156 000 fr., donc un mètre cube revient à $\dfrac{156\,000}{12 \times 15 \times 7}$; et, puisque la mienne a en mètres cubes $16 \times 16 \times 8$, il suffit de multiplier la fraction par ces trois nombres pour savoir ce qu'elle me coûtera.

La multiplication figurée donne $\dfrac{156\,000 \times 16 \times 16 \times 8}{12 \times 15 \times 7}$.

Dans cette fraction on peut prendre le quart des nombres 16 et 12, ce qui la réduit à $\dfrac{156\,000 \times 4 \times 16 \times 8}{3 \times 15 \times 7}$.

Dans cette dernière on peut prendre le tiers des facteurs 156 000 et 3, on a $\dfrac{52\,000 \times 4 \times 16 \times 8}{15 \times 7}$.

En prenant le cinquième de 52 000 et de 15, il vient
$$\dfrac{10\,400 \times 4 \times 16 \times 8}{3 \times 7} = \dfrac{5\,324\,800}{21}.$$

3e EXEMPLE : Il me faut 654 mètres de toile de 84 centimètres de largeur pour faire une tente ; combien en emploierais-je si je prenais de la toile de 108 centimètres ?

La règle est $654 \times 84 = 108 \times x$, ou $\dfrac{654 \times 84}{108}$.

En prenant la moitié de 654 et de 108, on a $\dfrac{327 \times 84}{54}$.

En prenant le tiers de 327 et de 54, il vient $\dfrac{109 \times 84}{18}$.

En prenant la moitié de 84 et de 18, on trouve $\dfrac{109 \times 42}{9}$.

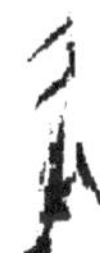

Et en prenant le tiers de 42 et de 9 $\dfrac{109 \times 14}{3} = \dfrac{1526}{3}$ = 508,67.

4e EXEMPLE : J'avais semé dans un champ 2 h. 40 de grain et j'en ai récolté 84 h. Dans un 2e champ où j'avais semé 3 h. 20, j'ai récolté 96 h. ; quel champ m'a rapporté le plus et dans quelle proportion ?

Puisque 2,40 ont produit 84, 1 hectolitre aurait donné $\dfrac{84}{2.40} = \dfrac{840}{24} = 35$.

Sur le 2e terrain 3 h. 20 ont fourni 96, donc pour 1 h. ce serait $\dfrac{96}{3.20}$ ou $\dfrac{960}{32}$ ou 30.

Le premier champ rapporte 35 pour 1 et le 2e 30, ce qui donne la proportion de $\dfrac{5}{30}$ pour 1 en plus, ou $\dfrac{5 \times 100}{30}$ pour 100 $= \dfrac{500}{30} = 16,67$.

5e EXEMPLE : Quel est l'escompte à 6 pour % d'un billet de 250 fr. qui a encore 6 jours à courir ?

La règle se pose ainsi :

$$\frac{250 \times 6 \times 6}{360 \times 100} = \frac{25 \times 6 \times 6}{36 \times 100} = \frac{6 \times 6}{30 \times 4} = \frac{6}{6 \times 4} = \frac{1}{4} \text{ ou 25 c.}$$

6e EXEMPLE : Quel est l'escompte, aujourd'hui 16 septembre, d'un billet de 280 fr. payable le 10 octobre prochain ?

$$\frac{280 \times 24 \times 6}{360 \times 100} = \frac{28 \times 24 \times 6}{36 \times 100} = \frac{7 \times 24 \times 6}{9 \times 100} = \frac{7 \times 24 \times 2}{3 \times 100} = \frac{7 \times 8 \times 2}{100} = 1 \text{ f. } 12.$$

On ne rencontre pas toujours des nombres qui se réduisent comme dans ces exemples ; mais c'est le cas le plus fréquent.

7e EXEMPLE : Un marchand a du vin à 45 centimes, et d'autre à 80 centimes ; il veut, de ces deux qualités, en former une troisième du prix de 55 centimes. Dans quelle proportio n doit-il faire le mélange ?

Chaque litre à 45 qu'il vendra 55 après le mélange, lui donnera 10 centimes de bénéfice, tandis qu'il perdra 25 cent. par litre à 80 cent., vendu seulement 55 ; il faut par conséquent compenser ces pertes et ces gains, ce qui aura lieu en vendant 25 bouteilles à 45 contre 10 à 80 ; en effet, sur le vin à 45 il gagnera 25×10 et sur le vin à 80, il perdra 10×25 ; or, ces facteurs étant égaux, donnent le même produit.

8ᵉ EXEMPLE : S'il s'agissait de savoir quel prix on doit vendre 228 litres de vin à 45 c. mêlé avec 200 litres à 80 cent. il suffirait de calculer la valeur totale et de la diviser par la quantité de litres que forme le mélange. Ce serait donc $\dfrac{(228 \times 45) + (200 \times 80)}{228 + 200}$.

9ᵉ EXEMPLE : Nous avons fait à six un ouvrage qui a rapporté 750 francs ; André y a travaillé 12 jours, Benoît 10 jours, Cadet 7, Durand 8, Ernest 9 et François 8. Combien revient-il à chacun ?

En additionnant les jours de travail, on saura combien il y en a en tout, et il suffira de diviser 750 fr. par le total des jours de travail pour savoir le bénéfice d'un jour ; ce bénéfice, multiplié par les jours de chaque ouvrier, donnera sa part.

Les jours sont $12 + 10 + 7 + 8 + 9 + 8 = 54$.

Le bénéfice d'un jour $\dfrac{750}{54} = \dfrac{125}{9}$

Il revient à André $\dfrac{125 \times 12}{9} = \dfrac{125 \times 4}{3} = \dfrac{500}{3} =$ 166 65

à Benoît $\dfrac{125 \times 10}{9} = \dfrac{1250}{9} =$ 138 90

à Cadet $\dfrac{125 \times 7}{9} = \dfrac{875}{9} =$ 97 25

à Durand $\dfrac{125 \times 8}{9} = \dfrac{1000}{9} =$ 111 10

à Ernest $\dfrac{125 \times 9}{9} =$ 125 »

à François autant qu'à Durand 111 10

Total 750 »

On ne trouve pas, dans les traités d'arithmétique, le moyen de convertir une fraction en une autre de même valeur, mais d'un dénominateur différant en plus ou en moins d'une quantité quelconque, par exemple des septièmes en huitièmes.

Cependant on peut en avoir besoin ; voici comment on les obtient.

En multipliant ou en divisant par un même nombre les deux termes d'une fraction, on n'en altère pas la valeur.

D'un autre côté, les totaux des numérateurs et des dénominateurs de deux fractions de même valeur, forment une nouvelle fraction égale à chacune des deux autres.

Ainsi $\dfrac{2}{3} = \dfrac{4}{6} = \dfrac{2 + 4}{3 + 6}$

Mais si l'on voulait savoir combien $\dfrac{4}{6}$ font de huitiè_mes, il faudrait prendre le tiers de chaque terme, on aurait $\dfrac{1,33}{2}$ et additionner terme à terme cette nouvelle fraction avec $\dfrac{4}{6}$, ce qui formerait $\dfrac{5,33}{8}$

De même la fraction $\frac{5}{7}$ serait changee en huitièmes en y ajoutant $\frac{0,71}{1}$ on aurait par conséquent $\frac{5,71}{8}$.

Ce procédé permet en outre de transformer une fraction ordinaire en fraction décimale sans être obligé de diviser le numérateur par le dénominateur, $\frac{7}{8}$ par exemple forme des dixièmes en ajoutant à chaque terme son quart qui est $\frac{1,75}{2}$, d'où $\frac{7}{8} + \frac{1,75}{2} = \frac{8,75}{10} = 0,875$

Pour convertir $\frac{17}{24}$ en fraction décimale, on multiplie chaque terme par 4, il vient $\frac{68}{96}$, puis on prend le sixième des mêmes termes, ce qui fait $\frac{2,83}{4}$; le total de ces deux dernières donne $\frac{70,83}{100} = 0,7083$.

Article 2.

CALCUL MENTAL.

Le calcul mental s'applique aussi bien aux opérations complexes qu'aux opérations simples, puisque c'est toujours au moyen de ces dernières que les problèmes sont résolus; mais quand il se trouve beaucoup de nombres à combiner entre eux, la mémoire ne peut pas toujours conserver ces nombres; aussi la plus grande difficulté ne réside pas dans les calculs, c'est dans la nécessité de se rappeler les chiffres qu'elle se trouve. Chacun reconnaîtra à cet égard l'étendue de ses facultés et saura dans quelles limites il peut opérer.

Parmi les exemples que renferme l'article précédent, le premier et le dernier pourraient amener de la confusion dans l'esprit du calculateur, mais les autres sont certainement solubles sans papier.

Article 3.

CONCLUSION.

Je suis arrivé au bout de ma tâche, quoique je n'aie pas traité du plus grand commun diviseur, des nombres complexes, des proportions, des progressions ni des logarithmes, et que je n'aie pas non plus donné la théorie des fractions, car, ainsi que je l'ai déclaré dans ma préface, je n'avais pas l'intention de faire une arithmétique complète, mon but était de développer des moyens de calculs inédits et dont la pratique m'a fait reconnaître les nombreux avantages. J'ai donc composé mon livre de ce qui n'existe pas dans les autres ouvrages d'arithmétique, en prenant seulement de ces derniers ce qui était nécessaire pour établir une liaison, un ensemble, sans lequel il n'aurait pas eu la forme que j'ai cru devoir lui donner.

Quoiqu'il en soit, je considère mon ouvrage comme complet en ce sens qu'au moyen de ce qu'il renferme, il n'est pas de problème d'arithmétique qu'on ne puisse résoudre. En effet, supposé qu'on ait à calculer sur des fractions, j'en ai dit assez pour qu'on puisse le faire en convertissant les fractions ordinaires en fractions décimales ; si, par exemple, il s'agissait d'additionner $\frac{1}{4}$ avec $\frac{1}{8}$ on sait que ces expressions, un quart, un huitième, veulent dire 1 divisé par 4, 1 divisé par 8 ; la division effectuée, on aura 0,25 et 0,125 qui s'additionnent, se soustraient, se multiplient et se divisent comme des nombres entiers.

Il en est de même des nombres complexes qui peuvent se transformer en nombres décimaux sur lesquels il est même plus facile d'opérer. Ainsi 10 marcs et 12 schellings deviennent 10,75 ; 2 toises 4 pieds 5 pouces se changent en 2,736, car 5 pouces sont $\frac{5}{72}$ de toise, ou 0,069, 4 pieds valent $\frac{4}{6}$ de toise, ou 0,667 ; le tout réuni forme 2,736

Ou bien on réduit les nombres complexes à la plus petite unité et on a 172 schellings et 197 pouces.

Les personnes qui se serviront des moyens abrégés de multiplication et de division feront bien, au moins dans les commencements, de mettre les chiffres de rappel en regard des calculs, autrement elles s'exposeraient à se tromper.

La nouvelle théorie que je donne pour l'extraction des racines me paraît devoir fixer l'attention des calculateurs ; les tables de logarithmes dispensent, il est vrai, de ces calculs ; mais tout le monde n'en a pas ; il peut arriver aussi que ceux qui en possèdent ne les aient pas près d'eux au moment où ils en auraient besoin ; en pareil cas le mode d'extraction que j'ai fait connaître sera d'autant plus utile qu'il est très facile à retenir et à appliquer.

On trouve dans l'*Encyclopédie méthodique* quelques exemples de multiplications par 5, par 9, par 11, etc., faites d'après les principes développés au chapitre 5 ; elles n'y sont présentées que comme des objets de curiosité ; mais il est hors de doute que l'auteur de l'article aurait attaché plus d'importance à ces opérations s'il avait su tout le parti qu'on en peut tirer.

Des ouvrages qui paraissent avoir quelque analogie avec celui-ci ont été publiés récemment, entre autres l'*Enseignement du calcul mental* par Ferber, et le *Calcul de tête* par Fellens ; mais ces livres ne donnent guère que les premiers éléments et ne renferment d'ailleurs aucune des nouvelles méthodes contenues dans ce traité.

LOI DE L'ASTRONOMIE.

La loi de Bode, qui consiste à ajouter le nombre constant 4 à 0 et aux termes de la progression géométrique 3, 6, 12, etc., pour connaître les distances respectives des planètes au soleil, serait impuissante à l'égard d'un ou de plusieurs astres intermédiaires entre le soleil et Mercure, s'il en existe, comme on est porté à le croire d'après les observations qui ont eu lieu lors des dernières éclipses de soleil.

Cette loi me paraît donc devoir être remplacée par celle que j'ai découverte récemment, savoir : que la distance des planètes au soleil et celle des satellites à l'astre qui les gouverne forment des progressions géométriques.

La raison de ces progressions est :

Pour les planètes	1,725
Pour les satellites de Jupiter	1,6465
Pour ceux de Saturne	1,2983
Et pour ceux d'Uranus	1,2014

Si les nombres qui marquent les distances planétaires ne coïncident pas rigoureusement avec les termes de la progression, on peut l'attribuer à quelque correction qu'il y aurait à faire, en raison de la forme des orbites ou de leur inclinaison par rapport à l'équateur solaire.

Les deux derniers satellites de Saturne et d'Uranus sont les seuls qui s'écartent de la progression, mais il est possible que des satellites inte rmédiaires existent entre le 5ᵉ, le 6ᵉ et le 7ᵉ de Saturne, comme entre le 4ᵉ, le 5ᵉ et le 6ᵉ d'Uranu s; supposition qui a déjà reçu un commencement de confirmation par la découverte de M. Lassell d'un satellite dont l'orbite est comprise entre celles du 5ᵉ et du 6ᵉ de Saturne.

FIN.

TABLE ALPHABÉTIQUE.

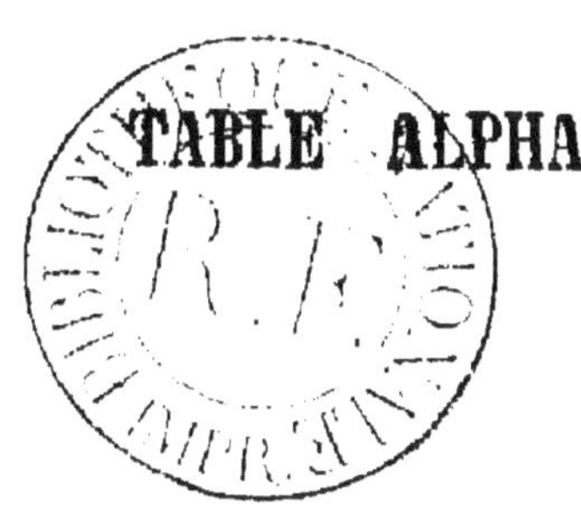

Addition. 9

—   des nombres complexes. 13

—   horizontale 11

—   méthode générale. 9

—   — pratique. 10

—   preuve. 13

—   verticale. 10

Aliquote. 30

Appendice 99

Arithmétique 3

Calcul mental. 105

—   addition. 15

—   division. 70

—   extraction de la racine carrée. . . 79

—   — cubique. . . 88

— 112 —

Calcul mental, multiplication. 39

—   soustraction. 24

Caractères de divisibilité jusqu'à 37. 47

—   méthode générale pour tous

les nombres. 50

—   pour les nombres premiers. 47

Carré 73

Chiffres. 5

Cinquième puissance. 92

Compléments. 20

—   indéfinis. 66

Conclusion. 106

Cube 81

Définition. 54

Démonstration pour l'extraction des racines par la

division. 77

—   pour trouver séparément les unités et

les dizaines d'un produit. . . . 45

Dénominateur. . . . . . , ... 47

Différence. 17

Dividende. 46

Diviseur. 46

Division, méthode générale. 46

— — perfectionnée. 54

— par la multiplication. 64

—   par les compléments.   55

—   —   indéfinis.   66

—   par les parties aliquotes   59

—   par les produits partiels.   72

Excès.   17

Exercices pour l'addition.   15

Extraction des racines par la division.   77

Facteur.   26

Fractions, nouvelle méthode de transformation . .   104

Indice des puissances.   74

Méthodes perfectionnées de division.   54

—   d'extraction des racines. .   96

—   de multiplication. . . .   28

—   de soustraction.   18

Minuende   17

Minuteur.   17

Multiplicande.   26

Multiplicateur.   26

Multiplication, méthode générale.   26

—   —   perfectionnée   28

—   par des produits partiels.   42

—   par l'addition.   29

—   par la division.   64

—   par la soustraction   30

— 114 —

Multiplication par le calcul séparé des unités et des
dizaines. 44
—   par le carré de la demi-somme. . . 44
—   par les parties aliquotes. 35
—   par la substitution d'un nombre rond. 42

Nombres abstraits. 7
—   complexes. 7
—   concrets. 7
—   naturels. 82
—   premiers. 48
—   pyramidaux 83
—   triangulaires. 83
Numérateur. 47
Numération écrite. 5
—   parlée. 5

Observation sur la somme des chiffres des puissances. 98
—   du carré . . 74
—   du cube. . . 84
Opérations complexes. 99

Préface. 3
Preuve par la somme des chiffres. 10
Problème. 99
Produit. 26

Puissances. 73

Quantité. 5

Quatrième puissance. 90

Quotient. 46

Racine carrée. 73

   — cinquième. 90

   — cubique. 81

   — quatrième. 90

   — septième. 95

   — supérieure au septième degré. 96

Règle d'alliage. 99

   — de compagnie. 99

   — de fausse position. 102

   — d'escompte. 102

   — de trois. 99

   — d'intérêts. 99

Reste. 17

Septième puissance 95

Séries convergentes. 69

Signes usités en arithmétique. 8

Sixième puissance 94

Solution. 100

Somme. 9

   — des chiffres, pour servir de preuve à toutes
      les opérations. 13

Soustraction. 17

Sténarithmie, mot formé du grec *sténos* (resserré) et *arithmos* (nombre). 1

Tableau de quelques produits remarquables. . . . 42

Table de multiplicateurs et de diviseurs donnant les mêmes résultats 64

Total. 9

Transformation de la division en multiplication et réciproquement. 63

Unité 5

FIN DE LA TABLE.

Sceaux.—Imprimerie de E. Dépée.

ERRATUM.

Page 68, ligne 27, au lieu de $\times - 0{,}04$ mettre $\times - 0{,}14$.

SCEAUX. — IMPRIMERIE DE E. DÉPÉE.

www.ingramcontent.com/pod-product-compliance
Lightning Source LLC
LaVergne TN
LVHW021859170726

843503LV00003B/1311